「江戸のウォーレン・バフェット」に学ぶ

常勝無敗の株投資術

証券アナリスト
投資情報会社アルゴナビス代表
清水洋介

幻冬舎MC

「江戸のウォーレン・バフェット」に学ぶ

常勝無敗の株投資術

はじめに

近年、資産運用の手段として株式投資が人気です。日本取引所グループによると、個人株主数（延べ人数）は2002年の約3400万人から2016年には約5000万人になっており、14年で1600万人も増えています。

このように人気の株式投資ですが、難しい、うまくいかないと感じている投資家が多いのが現実です。

「株式投資を始めたものの損ばかりで、どうやったら儲かるのかよく分からない」
「株取引のやり方はインターネットで一通り学んだが、自分のやっていることが正しいのか自信がないし、インターネットの通りにやっても勝てない」
「株の取引経験は長いし、チャートの見方など大体のことは知っているが、勝ったり負けたりでトータルでは大して儲かっていない」

——これらは私が運営する株の学校へ相談に来た生徒たちの声の一例です。このように、ビギナーからベテランまで、「どうもうまくいかない」「なかなか儲からない」という悩みを抱えている個人投資家が多いのです。

株取引の入門書や解説書は世の中に多数あり、インターネットにも「必勝法」が溢れています。これほど情報が溢れているにもかかわらず、儲かっている投資家が少ないのはなぜでしょうか。

例えば「チャートがこの形になったら買いどき」「ある指標がこの値を下回ったら売りどき」といった売買テクニックがあります。これらは一つの傾向として判断の参考になるかもしれませんが、それだけで誰もが儲かるはずはありません。

なぜなら、投資で最も大切な「相場の本質」を知らずに、小手先の投資テクニックばかりに頼っても勝ちはおぼつかないからです。利益を出したいならばテクニックの背景にある「相場の本質」を知り、正しく売買の判断をしなければならないのです。

では、「相場の本質」とは一体何でしょう。

相場は、「できるだけ安い値で買って、なるべく高い値で売りたい」という参加者の心理によって形成されています。この「相場参加者の心理の集合体」こそが、相場の本質です。

投資家が株式投資で勝ちを重ねていくには、相場参加者の心理を冷静にとらえて投資行動を読み解き、そのうえで取るべき行動を判断することが必須なのです。

この「相場の本質」を見抜き、相場を制するための格言を数多く残したのが江戸時代の二人の相場師です。

一人は山形県酒田の豪商の出で、米相場の取引で大きな財を成した本間宗久。もう一人は大坂堂島の米相場で活躍したという伝説の相場師の牛田権三郎です。二人ともに今でいうテクニカル分析に通ずる手法で投資を行っており、ウォーレン・バフェットを始めとする現代の大物投資家たちの元祖ともいえる存在です。

彼らが米相場での取引経験と成功体験をもとに残した言葉は、相場に対する考え方から投資の心構え、具体的な売買の手法まで数多くのことを私たちに教えてくれます。

たとえば「もうはまだなり、まだはもうなり」という格言があります。「もういい加減に底値だと思ってもまだ底がある。まだまだ上がると思っていると、もう上がり切っている」という意味ですが、これはまさに相場参加者の心理をよく表しています。

この格言をしっかり頭に入れてチャートを見ていれば、今が本当に底なのか天井なのか、冷静な目で判断できるようになり、チャートの形だけ見て慌てて買い急いだり、売り急いだりすることがなくなります。

400年以上前、江戸時代の米相場から生まれた格言は、21世紀の株式市場でも色褪せることがありません。確かに、江戸の米相場と現代の株式相場では、取引対象も取引システムも、規模も相場参加者も何もかもまったく違います。しかし一方で、時代が変わっても「できるだけ安く買って、なるべく高く売りたい」という相場参加者の心理、つまり「相場の本質」には変わりがありません。そのため、成功者である先人が残した格言は、現代の株式相場でも十分に通用するのです。

単なる取引テクニックはそれが通用する状況が非常に限られており、少しでもイレギュラーな値動きが発生すれば途端に使えなくなってしまいます。それに対し格言から学んだ「相場の本質」は、いつの時代のどんな相場であっても必ず役立つのです。

さて、私は今から30年以上前に大手証券会社に入社して以来、外資系証券や大手ネット証券などに勤務し、株式相場の変化を最も近くで見てきた一人です。

日経平均先物取引やインターネット取引の開始、個人のデイトレーダーの急増などによる相場の変化、またバブル崩壊やリーマン・ショックなどその時々の相場の大きな出来事を目の当たりにしながら、どのように相場と向き合うことが有効なのかを常に考えてきました。

私が本間宗久や牛田権三郎を知ったのは、若手の頃に読んだ『酒田五法』というチャートの本がきっかけです。その後、営業やディーラーなどの経験を重ねてテクニカル分析を専門とするようになってから、改めて江戸の相場格言に触れ、その「相場の本質」を突いた内容に大いに驚かされました。私は本間宗久や牛田権三郎の相場格言を一つ一つ解釈し直し、テクニカル分析と組み合わせて実践。現在は独立して個人投資家向けの株の学校を運営し、１００人を超える受講生たちに、江戸の相場格言をベースにした株式投資の考え方、投資テクニックを伝授しています。

単なるチャートのパターンではなく、なぜそのチャートの形になるのか、そこにはどんな心理が働いているのかという「相場の本質」に重点を置き、江戸の相場格言の考え方を随所に取り入れたことで、受講生たちからは「損をしなくなった」「コンスタントに勝ち続けられるようになった」という声をいただいています。

本書では、本間宗久が記した『相場三味伝』や牛田権三郎の『三猿金泉秘録』などの江戸の米相場の格言を、買い・売り・保有といった局面に分けて実際の銘柄とチャートを用いながら紹介。そのうえで、それぞれの場面でどのような投資行動を取るべきかを解説していきます。

ただ格言だけを覚えるのでなく、実際のチャートと結びつけて値動きや出来高と共に見ていくことが非常に大切です。そうすることで、相場参加者の心理が分かり、格言が本当に意味していることは何かをしっかり理解できます。また、他の銘柄で同じような相場の動きを見たときに、格言が頭に浮かび、取るべき投資行動も見えてきます。

インターネット取引が一般的になる以前は、個人投資家は板(気配値)を見ることができず、新聞などで得た企業の情報をもとに証券会社に注文を出すしかありませんでした。現在は、誰もがインターネットを通じて板やリアルタイムのチャートを見ながら、自分で注文を出すことができます。だからこそ、今、個人投資家は江戸の格言で「相場の本質」を学ぶ必要があるのです。

入門書を読んで株取引をスタートさせたばかりの投資初心者から、長年株取引をやっているのに思うような利益を出せない人、デイトレーダーなど頻繁に株取引を行っている人まで、本書はあらゆる個人投資家にとって、一生役に立つ一冊になると確信しています。

Contents

第1章 米も株も相場の法則は同じ 相場と向き合うための「心構え」とは？

第2章

万人が弱気なら、あほうになって米を買うべし――ドカンと上がる銘柄を底値でつかむ「買い」の極意

第3章

二割値上がれば十中八九、下落する――天井を見極めて利益を確定させる「売り」の秘訣

第4章

無用な商いで思わぬ損を出さないための「待ち」の心得

米商いは堪えることが大事――

第5章

利益を倍々で増やす！ 江戸の米相場を制した投資の「スタイル」

付録

イラスト／藤原徹司（テッポー・デジャイン。）
装 丁／幻冬舎メディアコンサルティング 坂本洋介

序章

本間宗久と牛田権三郎
江戸の米投資で莫大な財を成した二人の相場師

時代を超えて相場格言が生き残っている理由とは

株式投資の世界では、古今東西のさまざまな格言を見聞きします。たとえば、最高値や底値を狙った取引を戒める「頭と尻尾はくれてやれ」や、分散投資の重要性を説いた「卵はひとつのカゴに盛るな」などは、投資を始めて間もないビギナーの方でも一度は聞いたことがあるかもしれません。投資経験が長い方なら、非常に数多くの相場格言に触れたことがあるでしょう。

取引にあたっての注意点やアドバイスを簡潔な表現でまとめた相場格言の多くは、古くから伝えられているものです。なぜ、現代の株式相場でも時代を超えてよく聞かれるのでしょうか。

その理由は、一言でいえば今でも「使える」からです。

また、頭でわかっていてもなかなか実行に移せない、格言の通りにはできない。だからこそ、ずっと残っているとも言えます。みんなが格言のとおりに相場でうまく立ち回れるなら、そもそも格言など不要かもしれません。しかし、前述の例でいえば、「頭と尻尾はくれてやれ」という格言を知ってはいても、今この瞬間も、多くの投資家が最高値で売ろうとして失敗してしまっているのです。

本書では、多くの相場格言のうち、江戸時代の米相場で活躍した二人の相場師、本間宗久と牛田権三郎が残した言葉を主に取り上げます。

相場格言には出所のわからないものも多くありますが、この二人の場合は、相場における心構えや売買技法を記したものが、それぞれ『本間宗久相場三昧伝』（本間宗久）、『三猿金泉秘録』（牛田権三郎）という形で残っています。米相場で成功を収めたとされる二人の先人の言葉はいずれも含蓄に富んでいて、今現在、株式取引を行っている投資家にとって必ず役に立つものになると考えています。

江戸時代の米相場は、世界初の整備された先物取引だった

江戸時代の米相場から生まれた相場格言を見ていく前段階として、「江戸時代の米相場」を簡単に説明しておきましょう。

米相場とは、名前のとおり「米」を売買するための取引所のことで、18世紀の初め頃に誕生したと言われています。メインの取引所は大阪の堂島にあり、その他にも江戸の蔵前や山形の酒田など、各地に大小の米相場が開設されました。

当時の米相場の取引には、実際に米を売り買いする「正米取引」と、先物として取引する「帳合米取引」の2種類がありました。当初は、「米を持ってきたから買ってくれ」「米を売ってくれ」という現物取引だけだったのが、やがて「秋になったら米を持ってくるから今のうちに権利だけ買ってくれ」、「この夏は天候もよく豊作で値段が下がりそうだから、今のうちに売っておこう」といった先物取引が出てきたのではないでしょうか。帳合米取

引（先物取引）の場合は、敷銀と呼ばれる証拠金を差し入れることで取引が可能になり、最終的には取引を精算して利ザヤを稼ぐ、いわゆる差金決済だったと言われています。

また、各地の米相場での米の価格の違いに目を付けて、堂島で買った米を別の米相場で売って利益を得るといった取引も行われていたようです。米の値段をいち早く知るために、米飛脚と呼ばれる専用の飛脚やさらには「のろし」を上げて情報収集に努めていたという資料も残っています。

堂島の米会所などのこうした帳合米取引は、世界初の整備された先物取引だと言われています。

ちなみに、この時代の「米」は食糧というだけでなく「疑似通貨」としての役割もありました。たとえば、武士の給料は「三十俵二人扶持」のように米で計算されていて、実際に米で支払われていたと言われます。もちろん、米だけでは暮らせないため、給料として受け取った米を金銭に両替して使っていたようです。

相場格言を遺した、相場の神様・本間宗久と伝説の相場師・牛田権三郎

ここで、本書で取り上げる相場格言を遺した二人についても、ごく簡単に紹介します。

本間宗久は、1724年（享保9年）に出羽国庄内（現在の山形県酒田市）の豪商・本間家の三男として誕生しました。若い頃から米相場での取引を始め、最初は失敗もありましたが徐々にその才能を開花。米相場で大きな成功を収め、ついには「相場の神様」とまで言われるようになりました。本間家の繁栄を伝えるものとして、『本間様には及びはせぬが、せめてなりたや殿様に』という狂歌まで残っています。大名さえも超える存在だったということです。宗久が米相場での取引経験から得た相場に対する心構えや対処法などは、前述の『本間宗久相場三昧伝』という遺稿集としてまとめられています。

　また、宗久は現代の株式チャートの基礎であるローソク足や、ローソク足を使ったテクニカル分析の「酒田五法」の考案者とも言われています。実際には、明治時代になってから整備されたところもあるようですが、宗久が罫線などを用いてある程度テクニカル分析のようなことをしていたのは本当のことではないかと私は思っています。

　一方の牛田権三郎については、文献などの資料はほとんど残されていません。誕生したのは本間宗久と数年しか違わないようで、宗久とほぼ同じ時代に大坂堂島の米相場で活躍したとされています。「慈雲斉」とも号した牛田権三郎の唯一の確かな足跡と言えるのが、1755年（宝暦5年）に記された『三猿金泉秘録』です。自身の経験に基づき相場への向き合い方や具体的な売買技法などを和歌の形で説明しています。

『本間宗久相場三昧伝』と『三猿金泉秘録』に残されている相場格言には、共通する内容が多く見られます。違いを挙げるとすれば、牛田権三郎の『三猿金泉秘録』のほうがやや具体的な取引に言及していて、投機的なところがあるくらいでしょうか。

　本書では、「どちらがどう言った」という部分はあまり重視しません。誰がどのように言ったという話よりは、二人が格言を通じて伝えようとした「相場の本質」と、それをどのように実際の取引に生かしていくのかについて、わかりやすく説明していきます。

「相場の本質」を知らなければ、勝てる投資家にはなれない

インターネットとコンピュータの時代になって、株式相場も理詰めで動いていると思っている人もいるかもしれません。しかし、それは大きな誤解です。現代でも株式投資はメンタルな部分が非常に大きいのです。なぜなら、一部の機械的な売買を除けば、株式市場に参加しているのは基本的に「人」だからです。

株価が上がれば「さらに高くなるだろう」と期待したり、逆に「ここがピークで下げてしまうのではないか」と不安になったり、また下落しているときは「まだまだ下がるのではないか」「そろそろ下げ止まるだろう」などと考える。下落しているときに保有中ならば不安で売り急ぎたくなるし、買おうと考えていればできるだけ安くなるのを待ちたいと思う。そういう相場参加者の心理的な部分を、相場から切り離すことはできません。

というより、そうした心理的な部分こそが、株式市場を形成している「相場の本質」な

のです。古今東西、どのような「市場」でも、人の心理が相場を動かしていることに変わりはありません。にもかかわらず、相場参加者の心理を無視して、チャートや指標に頼ったテクニックだけでなんとか勝ち続けようとしてもうまくいくはずがないのです。

江戸時代の二人の相場師――本間宗久と牛田権三郎は、この「相場の本質」をとらえた格言を数多く残しています。二人の相場格言を通じて「相場の本質」を学ぶことで、誰もが勝てる投資家に変われると私は考えています。

ただし、このことはテクニカル分析などの投資テクニックを否定するものではありません。たとえば、底値を狙って買いたいと思ったら、チャートで底値の形を知っておくことは必要です。とは言え、単に底値の形を覚えておくだけでは不十分です。相場参加者のどんな心理が働くことで底値の形が作られるのか、それを知った上で正しい投資行動が取れるようになることが重要なのです。

特定の売買テクニックが通用するのはある期間だけ

世の中には、多数の「○○投資法」が存在します。その投資法で実際に儲けたという人が本を書いている例もたくさんあります。確かに、投資法によっては利益を上げているものもあるようです。ただし、ずっと同じ「○○投資法」で儲けられるかというと、残念ながらそうではないでしょう。

なぜなら、相場はどんどん変化していて、そのときどきで有効な売買テクニックというのは変わってくるからです。

かなり古い話ですが、私が実際に調べたケースをお話ししたいと思います。

１９８０年代、ある一定のルールに基づいて日経平均を売買すると、非常に高い確率で利益が出ていました。ある一定のルールとは、たとえば「２営業日連続で上がったら、次の日の寄付で買う」といったごく簡単なものです。82～87年頃まで、この売買テクニックは有効でした。ところが、88年になってしばらくすると勝率が明らかに下がってきて、93、94年頃になると逆にその売買手法では損をするようになってしまいました。

原因のひとつは、88年の9月に日経平均先物がスタートして、相場の中身が変わったことにあると考えています。また、バブル崩壊で相場全体が下落に転じたということもあるでしょう。

いずれにしろ、このケースでは相場が変わるとある特定の売買テクニックは通用しなくなるということがわかりました。

もちろん、すべての投資法やテクニックを検証しているわけではありませんが、あるひとつの投資法が長きにわたって流行するということはなく、そのことからも「○○投資法」が万能ではないということはわかるのではないでしょうか。

少し回りくどくなってしまいましたが、ここでお伝えしたかったことは要するに小手先のテクニックは相場が変われば通用しなくなるのに対して、前の項目でお話しした「相場の本質」はいつの時代も変わらないということです。

格言で「相場の本質」つまり相場に参加する投資家の心理を学び、そのうえでそのときどきの株式相場に向き合い、チャートとローソク足を使って買い場や売り場を探る。そういった方法であれば、どんな相場であっても通用すると考えます。

江戸の相場師も現代のバフェットも、「本質」を見極めた投資で成功した

さて、江戸時代の相場師からちょっと離れて、ここでは現代の著名な投資家の話をしたいと思います。

名前を聞いたことがある人も多いと思いますが、ウォーレン・バフェットについてです。１９３０年に米国ネブラスカ州に生まれたバフェットは、投資会社バークシャー・ハサウェイの会長兼ＣＥＯであり、世界一の投資家、また世界屈指の資産家として知られています。

莫大な資産を築いたバフェットの投資手法は、一言で説明すると「バリュー投資」です。

悪材料が出るなどの理由で一時的に株価が下がり、割安な水準になっている優良銘柄に目を付けて、その銘柄に集中投資します。基本的には長期投資で、「価値がある」と思って購入した銘柄はじっくりと長い期間保有し、大きな値上がり益と配当を狙うという手法です。たとえば、米国コカ・コーラやアメリカン・エキスプレスが、「バフェット銘柄」として知られています。

私は、このバフェットと、本書で紹介する本間宗久、牛田権三郎という二人には、確固たる共通点があると考えています。

もちろん、株式市場と米相場ですから具体的な投資手法は異なっています。そもそも米相場には米の「現物」か「先物」の2種類しかなく、銘柄選択というバフェットの投資で重要とされる部分がありません。しかし、どちらも小手先のテクニックではなく、「本質」にフォーカスした投資をしているという意味では同じだと考えるのです。

バフェットが注目するのは「企業の本質」です。目先の株価の動きを追って売買を繰り返し細かい利益を積み重ねるのではなく、本質的に価値の高い企業をじっくりと見極め、最適なタイミングで投資することに注力していて、それが成功につながっています。

一方の本間宗久や牛田権三郎は、常に「相場の本質」に目を向けています。相場を形成している相場参加者の心理を見極め、ここぞというタイミングで資金を投じる。投資期間こそ短期の場合もありますが、やはり慌てて売り買いするようなことは戒めています。

また、小手先のテクニックは時代とともに有効な手段が変わっていきますが、「企業の本質」や「相場の本質」という「本質」の部分は、いつの時代にも通用します。「本質」に目を向けた投資だからこそ、江戸の相場師二人もバフェットも大きな利益を得ることができたのだと考えます。

「相場の本質」を知って取引に臨み、大きな成功を収めた本間宗久と牛田権三郎は、まさに「江戸のウォーレン・バフェット」と言えるでしょう。

江戸の米相場と現代の株式市場に違いはあっても、格言は使える

　ここまで見てきたように、江戸の米相場と現代の株式市場には、どちらも「人の思惑や気分など心理的なもので動いている」という普遍の共通点があり、だからこそ江戸の相場格言は今の世の中にも通じるということが、わかっていただけたと思います。

　もちろん、ご承知のように、すべてが同じというわけではありません。

　最も大きな違いは、米相場で扱うのは「米」だけであるのに対して、現代の日本の株式市場では約4000銘柄が取引対象だということです。全体相場の影響を受けるとは言え、銘柄によって値動きは異なるため、「銘柄選択」が非常に重要になってきます。

　また米相場では、天候や米の豊作・不作が価格に影響を与える大きな要因でしたが、株式市場ではもっと多くの要因で株価が変動します。企業業績（決算）、景気動向、金利動向、またそれほど大きな影響ではない場合が多いのですが政治の混乱や不透明感も株価に影響を与えます。

　さらに、現代の株式市場は、海外の影響を受ける点も大きな違いです。日本の景気が好調で、個別の企業業績がよかったとしても、海外の国や地域で紛争などの地政学的なリスクが起きれば一緒になって日本の株も売られてしまいます。また、そうした地政学的なリスクが高まると相対的に安全な資産として円が買われますが、株式市場は円高・円安など為替の動向にも影響を受けます（大雑把に言うと、輸出などの多い外需系の企業は円高だと業績が悪化するため、株価が下落しやすくなります）。

また相場参加者も、国内の機関投資家や年金資金、個人投資家だけではありません。外国人投資家にもかなりの存在感があり、東証が外国人投資家の売買動向を発表しています。

このように江戸の米相場と現代の株式相場にはさまざまな違いもあり、相場格言によってはそのまま現代に当てはめるのは難しいと言えます。

それでも、繰り返しになりますが、相場を形成しているのは「相場参加者の心理」という本質部分は何ら変わっていないのです。

相場格言を株取引に生かすにはチャートとローソク足の見方は必須

相場格言を学んで、心にしっかり留めておいたとしても、それだけでは実際の取引はできません。チャートやローソク足の基本的な見方は、必ず理解しておく必要があります。なぜなら、チャートやローソク足に相場参加者の心理が反映されているためです。ローソク足の動きを見ることで、今みんなが何を考えているのかを理解でき、正しい投資判断につながっていくのです。

チャートをまったく見ずに板情報などだけで取引している人はまさかいないとは思いますが、チャートはなんとなく値動きを追うだけ、という人は、この機会にチャートとローソク足を学び直すことをおすすめします。

本書の最後に、「付録」としてチャートとローソク足の基本を掲載しています。私が運営するスクールでも利用しているテキストからの抜粋で、これだけは押さえておいて欲しいという内容です。

ローソク足がよくわからないという場合は、本編と併せて随時、確認してもらえればと思います。

ちなみに私自身は、株式取引では主にローソク足と移動平均線、そして一目均衡表の3つを見ています。テクニカル分析には、RSI、MACD、ストキャスティクス、ボリンジャーバンドなどさまざまな指標を用いたものもありますが、前述の3つだけを見ておけば、買いタイミングや売りタイミングを探すには十分だと考えるからです。

たとえば、ボリンジャーバンドを使わなくても、移動平均線からの乖離を見ていれば、相場の転換点は確認できると考えています。もちろん、テクニカル指標を使ってはいけないわけではありませんが、あれこれ見るよりまずはローソク足と移動平均線からでもよいのではないでしょうか。

なお、一目均衡表はチャートを使ったテクニカル分析の手法のひとつですが、本書では取り上げていません。

第1章

米も株も相場の法則は同じ
相場と向き合うための「心構え」とは？

二人の相場師の格言が伝える心構え、「焦るな」と「人に左右されるな」

本間宗久と牛田権三郎は数多くの相場格言を遺していますが、その中には同じ内容を言葉を変えて繰り返して伝えているものもあります。それはすなわち、彼ら二人が最も重要と考え、伝えたいと思っているメッセージだということです。

第1章では、彼らが考える「相場に対する心構え」を表した相場格言を取り上げて、株式市場に向き合うときに、実際の取引でどう生かせばよいのかを考えていきましょう。

二人の相場との付き合い方には一部異なるところもあると序章ではお話ししましたが、何度も繰り返しているメッセージに関しては、両者ともまったく同じことを言っています。

その中のひとつが、「相場では決して焦ってはいけない」ということです。たとえば、「商い進み急ぐべからず」や「急く商いに徳はなし」はどちらもストレートな表現で、特に説明の必要もないかもしれません。焦って売り買いしても儲からないという意味です。

前者の「商い進み急ぐべからず」は、「急ぐときは踏み出し悪しきときと同じ」と続きます。つまり、「焦って売買してはいけない、なぜなら焦ることは仕掛けのタイミング（買いのタイミング）が悪いのと同じで儲からないからだ」ということです。

「焦ってはいけない」というメッセージは、ほかの格言からも読み取れます。「はじめに」で紹介した「もうはまだなり、まだはもうなり」は、「もう底値だ」「まだまだ上がる」と自分勝手に考えて見切り発車することをいさめる内容ですが、見切り発車してしまうのは、「早く買わないと買いそびれてしまう」という焦りもあるからです。焦らず冷静に、買いや売りの根拠をしっかり見極めて取引に臨むことが重要なのです。

また、「人に左右されてはいけない」も、相場格言が繰り返し伝えている重要なメッセージのひとつです。その代表とも言えるのが、牛田権三郎の『三猿金泉秘録』のタイトルでしょう。この「三猿」とはいわゆる「見猿（みざる）・聞猿（きかざる）・言猿（いわざる）」のことです。相場で取引する際には、人からのいい加減な情報を見聞きして振り回されたり、あるいは自分がいい加減な情報の発信源となって人を惑わしたりしてはいけないというのが、「三猿」の言わんとしているところです。

特に現在は、友人や知人の言葉だけでなく、テレビやインターネットのニュースやSNSの書き込みなどにも惑わされがちですが、向き合うべきは人の発言ではなく相場そのものです。「相場のことは相場に聞け」という格言もあります。誰かに言われてそのまま銘柄を決めたり売り買いしたりするのではなく、自分で調べ、チャートを見て、売り買いのタイミングを考えていく必要があります。

さて、「焦ってはいけない」と「人に左右されてはいけない」に加えて、もうひとつ相場と向き合う上で重要な心構えを伝える格言があります。それが、「相場は理外の理」です。この格言については次の項目で詳しく説明しますが、その意味は「相場は思い通りにならない」です。自分の思うようにも、また理論どおりにも動かないからこそ、株式取引をしようと思ったら焦らずに、そして人の言うことに左右されずに、冷静に向き合っていくことが大切なのだと、相場格言は伝えているのです。

相場は思い通りにはならないものだと心に留めておく――

「相場は理外の理」

相場は常に動いています。しかも、思ったように動くとは限りません。それを表す相場格言が「相場は理外の理」です。「なぜこんな値動きになるのか?」――相場でつく価格には理論的に説明できないこともあり、「説明できないことが起きた」という説明で納得するしかありません。

相場格言ではありませんが、平家物語の中で、白河法皇が思い通りにならないものとして「賀茂川の水、双六の賽、山法師」を挙げています。私は、現代であればこれに「相場」を加えてもいいのではないかと思っています。そのくらい、誰にとっても相場とは思い通りにはいかないものなのです。プロの投資関係者であっても、相場の値動きを正しく予想することは不可能です。

では、どうしたらいいのでしょうか? 最も重要なことは、先入観にとらわれず、相場で起きていることを冷静に判断するという姿勢です。株式取引はメンタルな部分が大きいので、思い通りにいかないことに慌ててしまうと、間違ったタイミングに間違った判断で取引をしてしまうといったことが起こりがちだからです。

「理外の理」の一例を挙げます。まだ記憶に新しい、２０１６年11月の米国大統領選挙後の相場の値動きです。

このときは、大方の市場関係者も一般の投資家も、「恐らくクリントン氏が当選するだろうが、万が一トランプ氏が勝ったら株価が暴落する」と考えていました。

しかし、勝利したのはトランプ氏でした。日本では確かに一旦株価が急落しましたが、トランプ氏勝利で欧米は株価が上昇。日経平均も一日大きく下げたものの、翌日以降は欧米の上昇を受けて上昇する展開となりました。下落が予想されていた欧米市場が堅調に推移したこと、そして日本株だけが急落したことは、まさに「理外の理」でした。

ただ、この「理外の理」も後から冷静に検証すれば、どういう「理」があったのか少し見えてきます。次に何かあったときに、どう考えて動けばいいかを知るためにも、16年の米国大統領選挙での「理外の理」を振り返っておきましょう。

そもそも大統領選挙が終わったことは、「どちらが大統領になるのかわからない」という懸念材料がなくなったわけで、プラスの材料と言えます。懸念材料がなくなり、欧米では次の材料＝米国の利上げに注目が集まったことで株価は堅調に推移したと見られます。

一方、日本では「クリントン氏が大統領になる」という予想で上がっていたため、予想が外れたことで一旦は下落。しかし、欧米では下がらなかったので、安心感から日本も上昇に転じたと考えられるでしょう。

私自身は、トランプ氏が勝利しても下がることはないと思っていましたが、その後の大幅な急上昇までは想定しておらず、トランプ氏勝利による上昇というよりはその後の大幅上昇が「理外の理」だったと感じています。

さて、次に同じようなことが起きたとき、個人投資家はどのように考えればよいでしょう。改めてトランプ氏の大統領選挙で考えてみます。

まず、世間で言われていることの考察です。「トランプ氏が大統領になったらなぜ下がると言えるのか」「トランプ氏が大統領になったら何が起きるのか」「下がるとしたらどこまで下げるのか。下げは相場に織り込まれているのか」などいろいろあります。

また、他の投資家はどう動いているかを考えてみることも重要です。トランプ氏が勝利すると思っていて、しかも勝利したら相場が下がると考えている人は事前に売っておくは

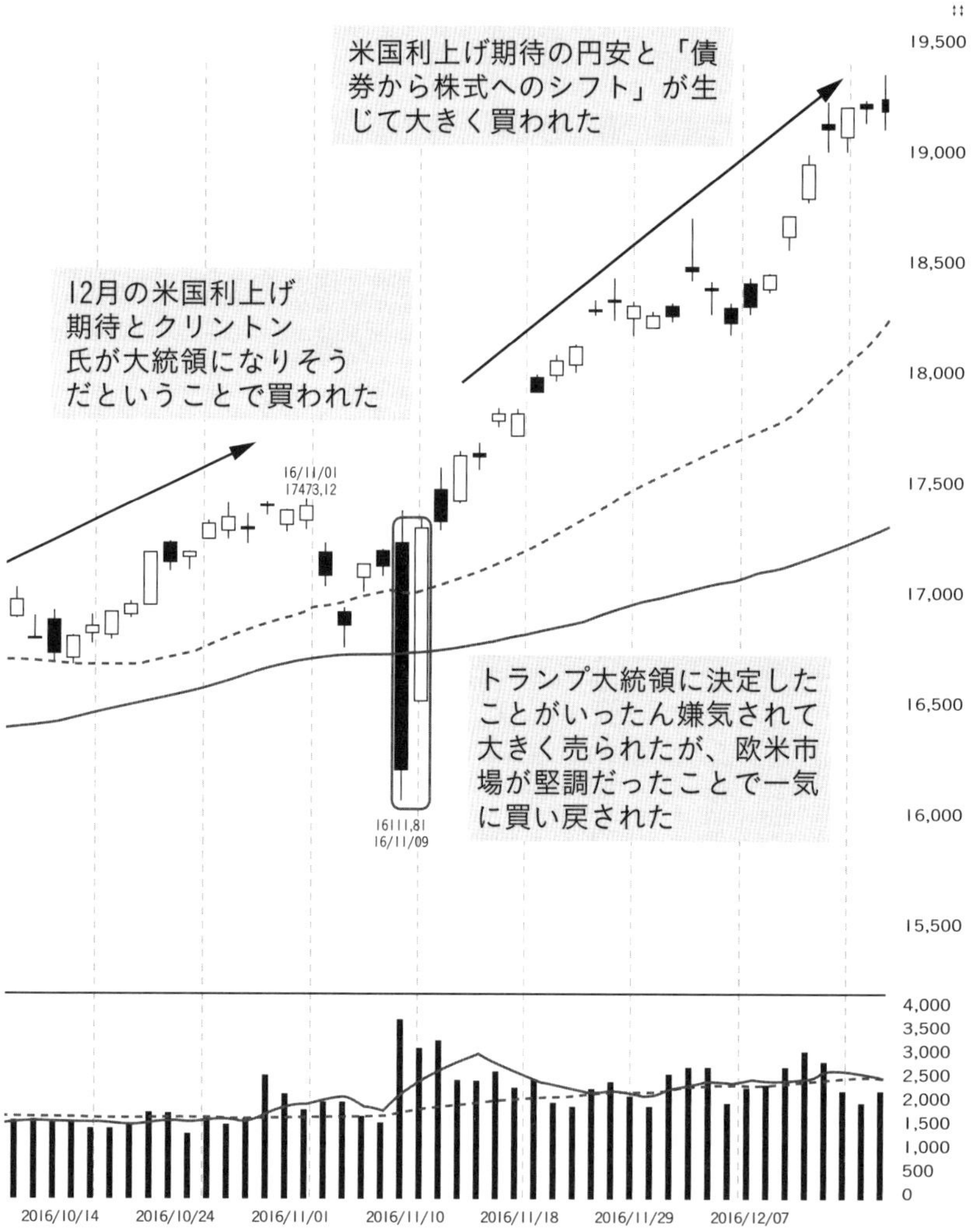

円
19,500
19,000
18,500
18,000
17,500
17,000
16,500
16,000
15,500
米国利上げ期待の円安と「債券から株式へのシフト」が生じて大きく買われた
12月の米国利上げ期待とクリントン氏が大統領になりそうだということで買われた
16/11/01
17473,12
16111,81
16/11/09
トランプ大統領に決定したことがいったん嫌気されて大きく売られたが、欧米市場が堅調だったことで一気に買い戻された
4,000
3,500
3,000
2,500
2,000
1,500
1,000
500
0
2016/10/14
2016/10/24
2016/11/01
2016/11/10
2016/11/18
2016/11/29
2016/12/07

日経平均（日足）

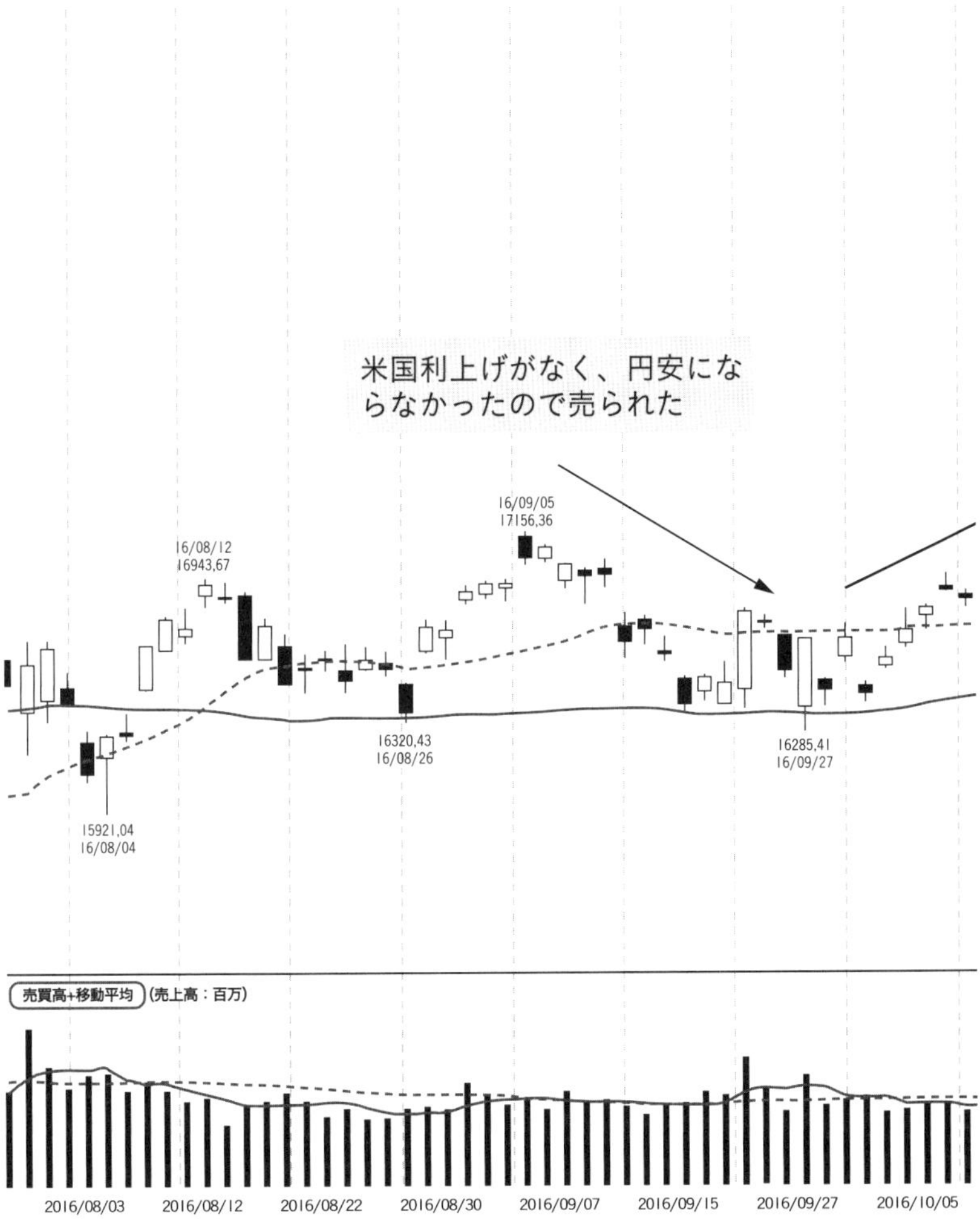
米国利上げがなく、円安にならなかったので売られた
16/09/05
17156,36
16/08/12
16943,67
16320,43
16/08/26
16285,41
16/09/27
15921,04
16/08/04
売買高+移動平均
(売上高：百万)
2016/08/03
2016/08/12
2016/08/22
2016/08/30
2016/09/07
2016/09/15
2016/09/27
2016/10/05

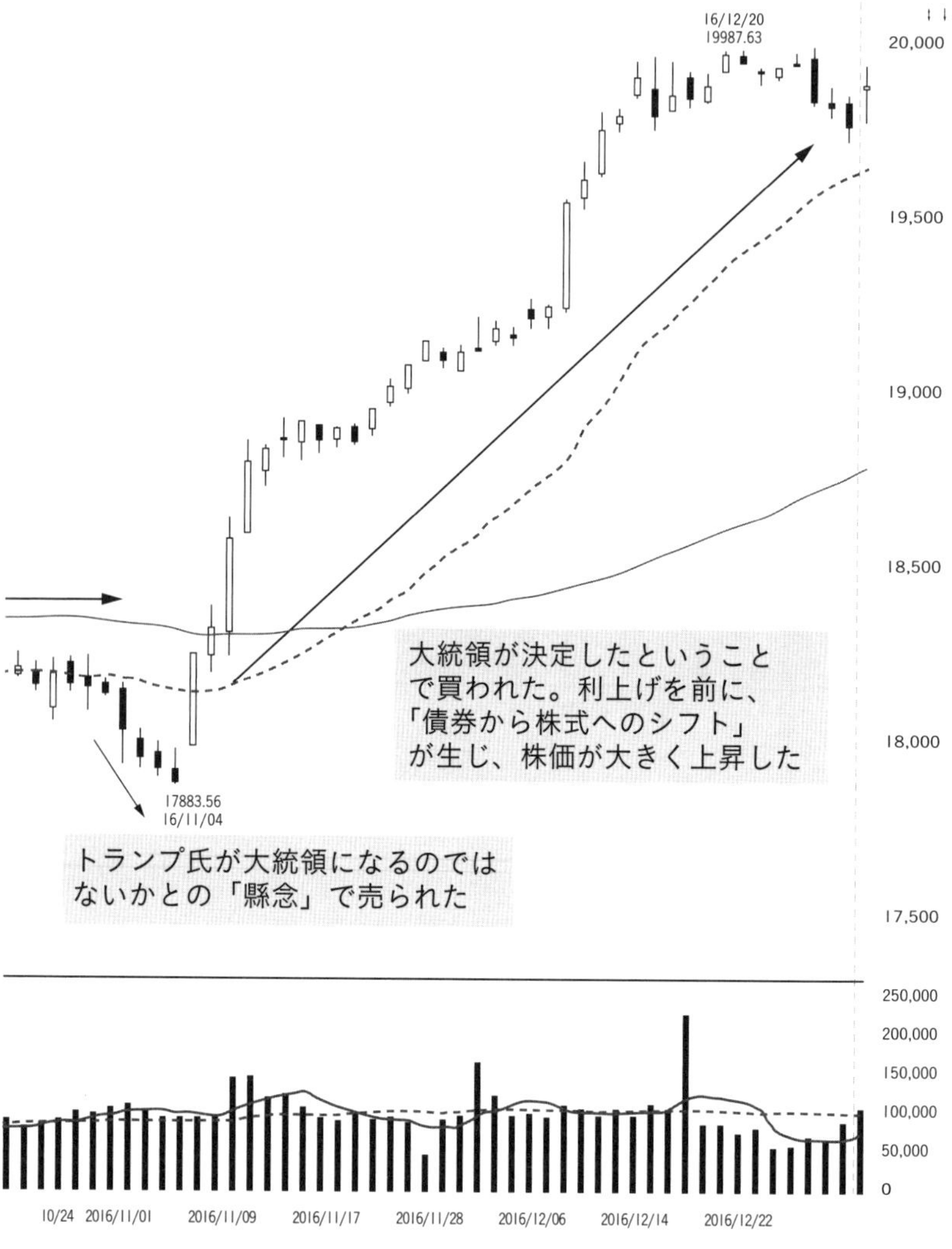
16/12/20
19987.63
20,000
19,500
19,000
18,500
18,000
17,500
大統領が決定したということで買われた。利上げを前に、「債券から株式へのシフト」が生じ、株価が大きく上昇した
17883.56
16/11/04
トランプ氏が大統領になるのではないかとの「懸念」で売られた
250,000
200,000
150,000
100,000
50,000
0
10/24
2016/11/01
2016/11/09
2016/11/17
2016/11/28
2016/12/06
2016/12/14
2016/12/22

ニューヨークダウ（日足）

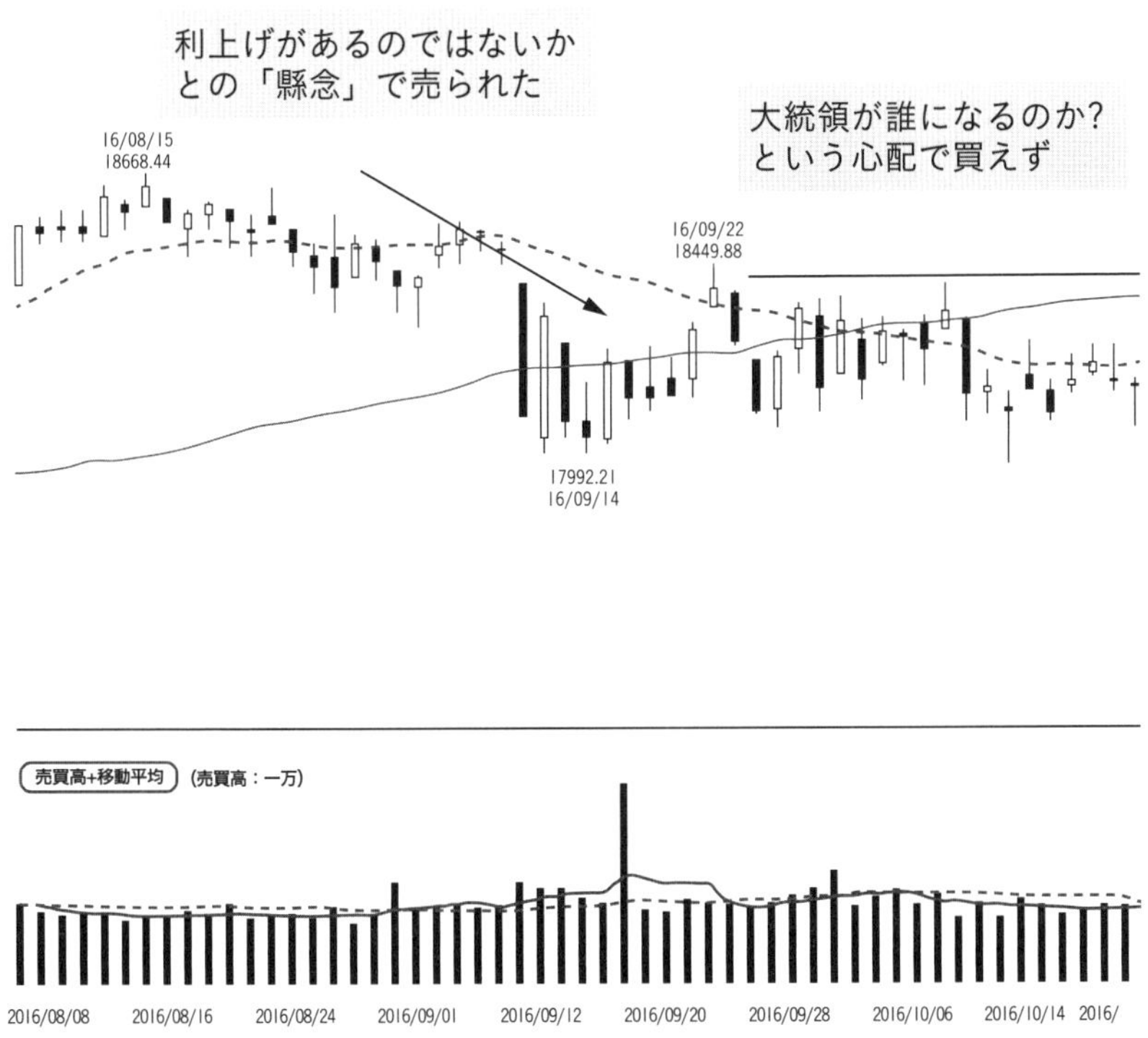
利上げがあるのではないか
との「懸念」で売られた
大統領が誰になるのか?
という心配で買えず
16/08/15
18668.44
16/09/22
18449.88
17992.21
16/09/14
売買高+移動平均
(売買高：一万)
2016/08/08
2016/08/16
2016/08/24
2016/09/01
2016/09/12
2016/09/20
2016/09/28
2016/10/06
2016/10/14
2016/

ずです。逆に、クリントン氏勝利＋勝利による株価上昇を考えている人は、トランプ氏勝利ですぐに売ったと考えられます。しかし、日本株市場は下がったけれど、欧米市場は下がらなかった。そうなると、「今まで売っていた人が買い戻すのではないか、だったらここからは上昇する」という推測も成り立ちます。

「相場は理外の理」ですから、考えてもそのとおりにはならない可能性も十分あります。それでも、事前に考えておけばたとえ予想が外れても慌てずに「だったらどうすればいいか」を考えられるのではないかと思います。

どこまで上がるかどこまで下がるか、しっかり見極める――

「もうはまだなり、まだはもうなり」

「天井買わず、底売らず」

ある銘柄の株価が下落を続けているときは、「もうこのくらいが底値ではないか」と思いがちです。しかし、底値だと思って買いを入れたらそこからまだまだ下があったということは非常によくある話です。逆に、どんどん上昇しているときにはもっと上がりそうに思いますが、買ってみたらそれが最高値だった、というケースも多いものです。

こうした失敗の理由は、「もう下がらないだろう」「まだ上がるだろう」と自分の気分だけで「見切り発車」してしまうことにあります。

「もう下はないはず、まだ上があるはず」という勝手な考えと「見切り発車」を戒める相場格言が、本章の冒頭でも紹介した「もうはまだなり、まだはもうなり」です。この格言は、株式投資の世界で今でも本当によく見聞きしますが、それはやはり底値や最高値を見極めるのがいかに難しいかということだと思います。

また似たような相場格言に、「天井買わず、底売らず」というのもあります。こちらは「もうはまだなり～」に比べるとより直接的ですが、「株価が高いところで買わない、安いところで売らない（カラ売りをしない）」という戒めの意味です。どこが天井なのかはわからなくても、少なくとも高値を更新しているようなときの買いを避ければ、うっかり最高値で買ってしまうようなことはなくなるでしょう。

さて、「見切り発車」での売買を避けるには、何の根拠もなく「もう下げ止まるだろう」「まだ上がるだろう」と決めつけないということに尽きます。売るときも買うときも「～だろう」と勝手に思い込むのではなく、チャートなどからしっかりした「根拠」を求めるようにしてください。

何が「根拠」となるのかはそれぞれの銘柄や状況で変わってきますが、たとえば下落の場合は、「移動平均線で下げ止まったから、ここから下はないだろう」「3日連続『窓』を空けて下がったからここが底値と言えるのではないか」などが、比較的わかりやすい根拠と言えるでしょう。もちろん、根拠があっても１００％思った通りの値動きになるわけではありません。それでも、気分でなんとなく売り買いするのに比べれば、「天井で買ってしまう」といったことは高い確率で避けられるようになるはずです。

「もうはまだなり、まだはもうなり」の具体例はたくさんありますが、２０１６年１～２月のメガバンク各社の値動きはまさに「もうはまだなり」の典型でした。1月に入ってから全体相場の下落もあり、メガバンク各社の株価は揃って大きく下げました。1月の下旬になって、追加緩和期待から一度は下げ止まり「もうそろそろ底値だろう」と思われたのですが、1月29日に日銀がマイナス金利政策を発表するとマイナス金利による業績悪化が懸念され、株価はさらに下落したのです。ここでは、みずほフィナンシャルグループのチャートを取り上げています。

ちなみに、7月8日には2月、4月の安値を下回っていて、「まだまだ下げるのではないか」と思われましたが、ここは逆に「まだはもうなり」でここで下げ止まり、上昇に転じています。7月下旬の日銀の金融政策決定会合において、追加緩和が決定されるのでは、という期待が背景にありました。

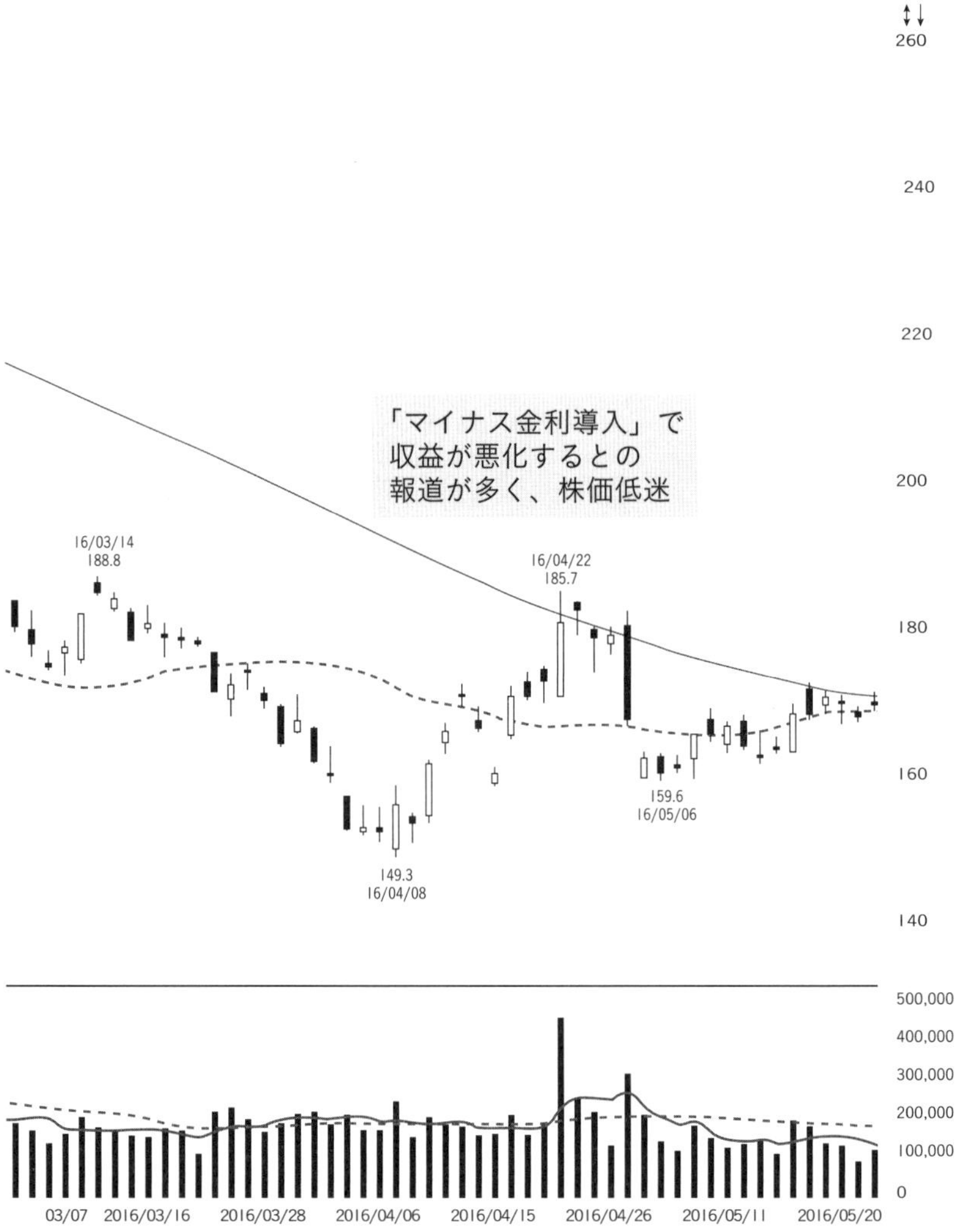

260
240
220
200
180
160
140
「マイナス金利導入」で
収益が悪化するとの
報道が多く、株価低迷
16/03/14
188.8
16/04/22
185.7
149.3
16/04/08
159.6
16/05/06
500,000
400,000
300,000
200,000
100,000
0
03/07
2016/03/16
2016/03/28
2016/04/06
2016/04/15
2016/04/26
2016/05/11
2016/05/20

みずほフィナンシャルグループ（8411）

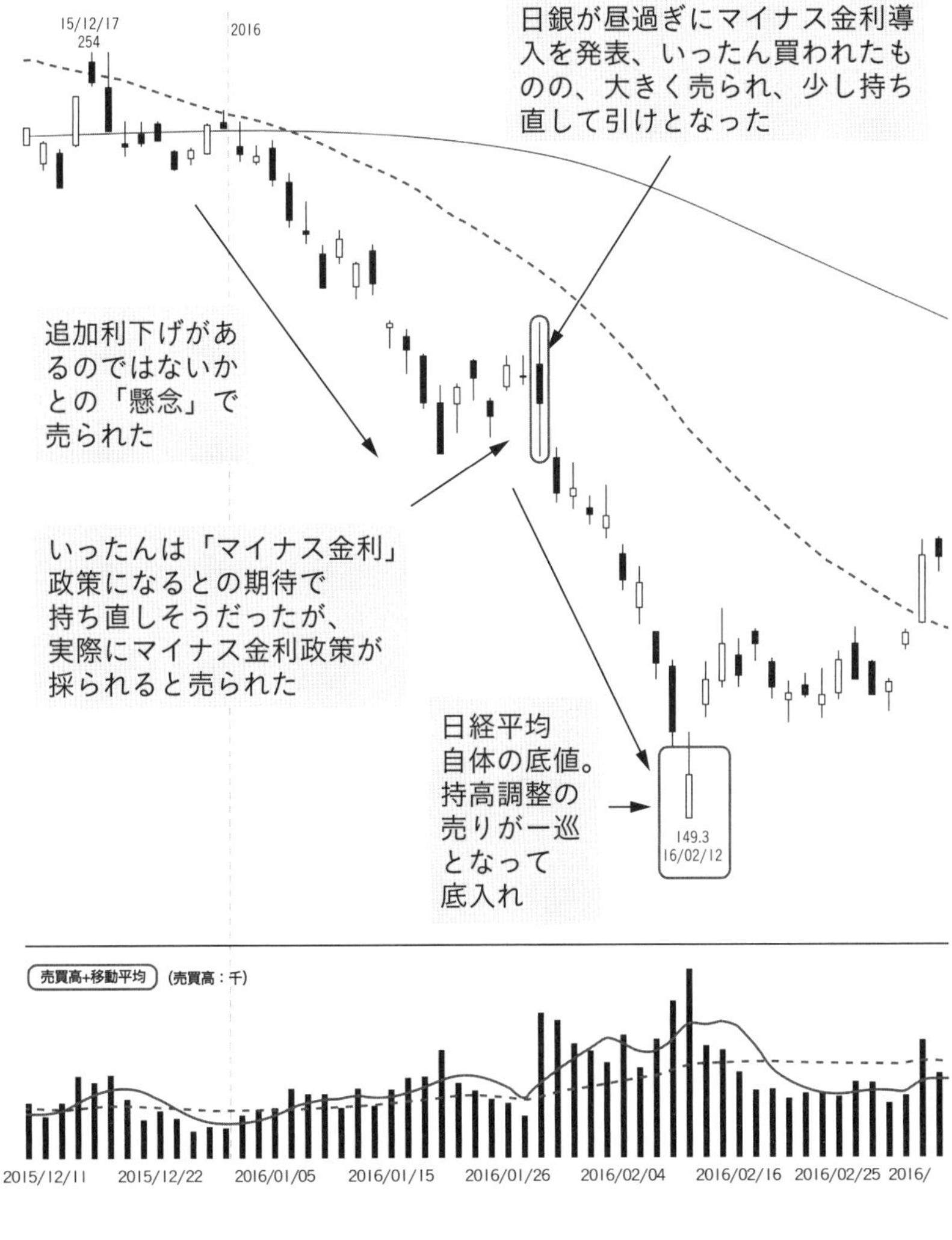

人と同じように行動していては勝てる投資家にはなれない――

「千人の逆を行け」

相場に向き合う心構えとして決して忘れてはいけないのが、人と一緒になって行動していては勝てないということです。それを伝える相場格言は数多くあります。たとえば、「千人の逆を行け」は読んだままの意味ですが、千人が同じ行動をしていたらその逆に動くべきだということです。米相場であれば、みんなが買っているときに一緒になって買うのではなくあえて売る（空売り）べきだということになります。

また、「人の行く裏に道あり花の山」も、同様の相場格言として知られています。もともとは千利休の言葉で、本当に美しい花を見たければ人のいない裏の道を行くべきだという意味ですが、今や「人と同じ行動では勝てない」ことを表す、最もよく知られた相場格言のひとつとなっています。

では、なぜみんなとは逆に動くべきなのでしょうか。

多くの人が買っているということは、買った人が「これはまだまだ上がる」と強気になっている状況です。しかし、もし全員が強気になって買ったとしたら、さらに上値を一体誰が買うのでしょうか。買う人がみんな買ってしまえば、そこから買う人はいなくなるので、下落に転じてしまうからです。反対に、売る人がすべて売ってしまえば、そこから下で売ってくる人はいなくなるので株価は上がっていきます。

つまり、儲けようと思ったらみんなが買っているときではなく、全員が売っているようなときを狙うべきなのです。

「でも、上がり始めたときに買えば、みんなが買っていく途中だから儲けられるのではないか」と思う人もいるかもしれません。確かに、早いタイミングでエントリーして、最高値を付ける前に利食ってしまえば、それも可能です。

ただし、上がり始めた初動で買うというのは簡単ではありません。あなたが「これは上がる」と思う根拠になった材料は、ほかの人もすでに見聞きしている情報だからです。みんなが同じ情報を見て上がると思って買っている――これはまさに人と同じように行動している例と言えます。しかも、自分では早く買ったつもりでいても、決して早くはなく、恐らくは最高値に近いところで買ってしまっていることのほうが多いのです。

人と同じように行動しなければ儲かる、の例としてはこの章の初めで紹介した、２０１６年11月の米国大統領選挙後の日経平均のチャートを見て欲しいと思います。みんなが一斉に売って相場全体が下落しましたが、そこでほかの人とは同じ行動を取らずに「買い」で臨んでいれば、多くの銘柄で大きな利益を得ることができたのです。

人気急上昇銘柄の「旬」は短いと肝に銘じておく――「人気は時の花」

株式相場では、ある銘柄が突然注目されて株価が急上昇することは少なくありません。たとえば、２０１６年7月、「Pokémon GO」が海外で先行リリースされて話題になった任天堂は、日本での発売を前に株価が急上昇。わずか10日間で1万５０００円も値上がりしました（任天堂はもともと値がさ株です）。また、オプジーボ®という新しいガン治療薬の販売が予想以上に好調だった小野薬品工業は、16年3〜4月にかけて株価が１４００円以上も上昇しました。

しかし、このように人気化して短期間に株価が上昇する銘柄の場合、多くは買いが集まり過ぎて、行き過ぎた水準まで上がってしまうことが多いのです。「旬」だからと株価水準などを考えずに飛びつく人が多いためです。

この2銘柄の場合、「人気ゲームアプリの日本での発売」「ガン治療薬の売り上げ大幅増」と、材料が非常にわかりやすいものだったことも行き過ぎた人気化の理由と言えるでしょう。

前の項目でも説明したように、みんなが飛びついて買うような銘柄はいずれ買う人がいなくなって下落に転じます。特に、急上昇した場合は、短期間で下落に転じることも多いのです。実際、任天堂も小野薬品工業も急上昇の後は、すぐに大きく値を下げています。

「人気は時の花」という相場格言は、まさにこのような状況を示しています。人気急上昇銘柄に飛び乗りたいと思ったときには、この格言を思い出して「いつまでも人気は続かない」ということを肝に銘じておくべきでしょう。

ただし、材料によっては長期で効いてくるものもあります。たとえば、ある商品が新発

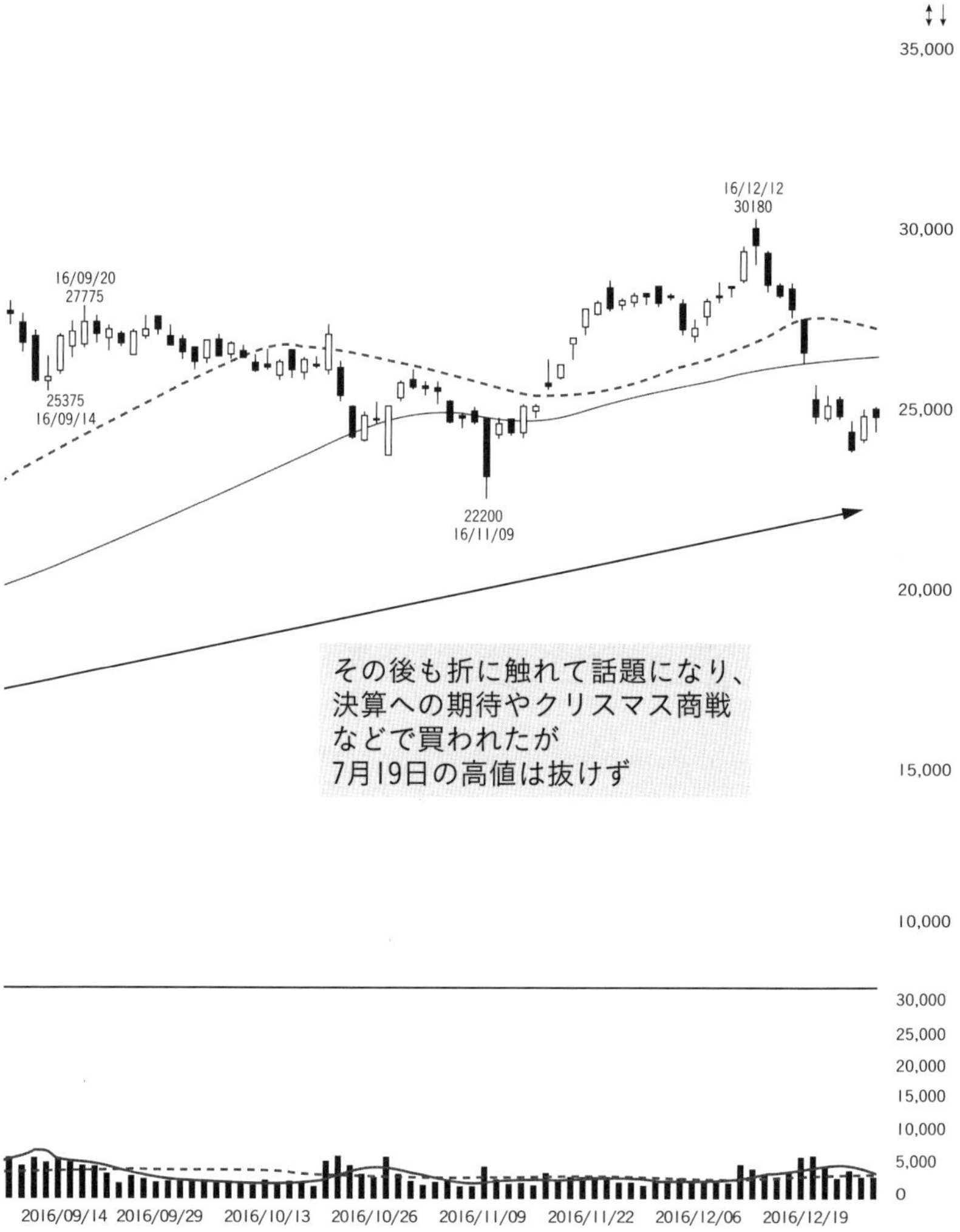

35,000
30,000
25,000
20,000
15,000
10,000
16/09/20
27775
25375
16/09/14
22200
16/11/09
16/12/12
30180
その後も折に触れて話題になり、
決算への期待やクリスマス商戦
などで買われたが
7月19日の高値は抜けず
30,000
25,000
20,000
15,000
10,000
5,000
0
2016/09/14
2016/09/29
2016/10/13
2016/10/26
2016/11/09
2016/11/22
2016/12/06
2016/12/19

任天堂（7974）

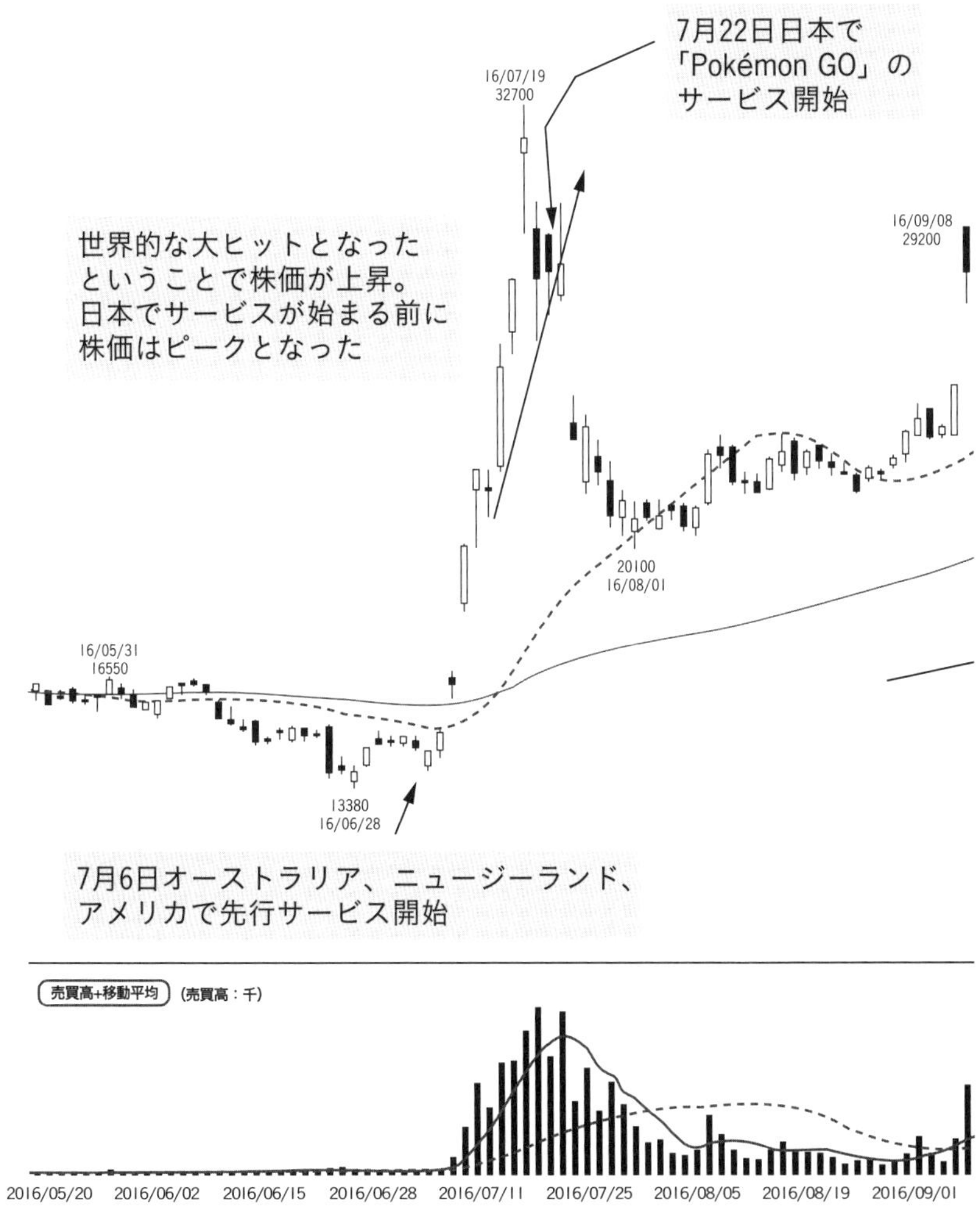
7月22日日本で
「Pokémon GO」の
サービス開始
16/07/19
32700
世界的な大ヒットとなった
ということで株価が上昇。
日本でサービスが始まる前に
株価はピークとなった
16/09/08
29200
20100
16/08/01
16/05/31
16550
13380
16/06/28
7月6日オーストラリア、ニュージーランド、
アメリカで先行サービス開始
売買高+移動平均
(売買高：千)
2016/05/20
2016/06/02
2016/06/15
2016/06/28
2016/07/11
2016/07/25
2016/08/05
2016/08/19
2016/09/01

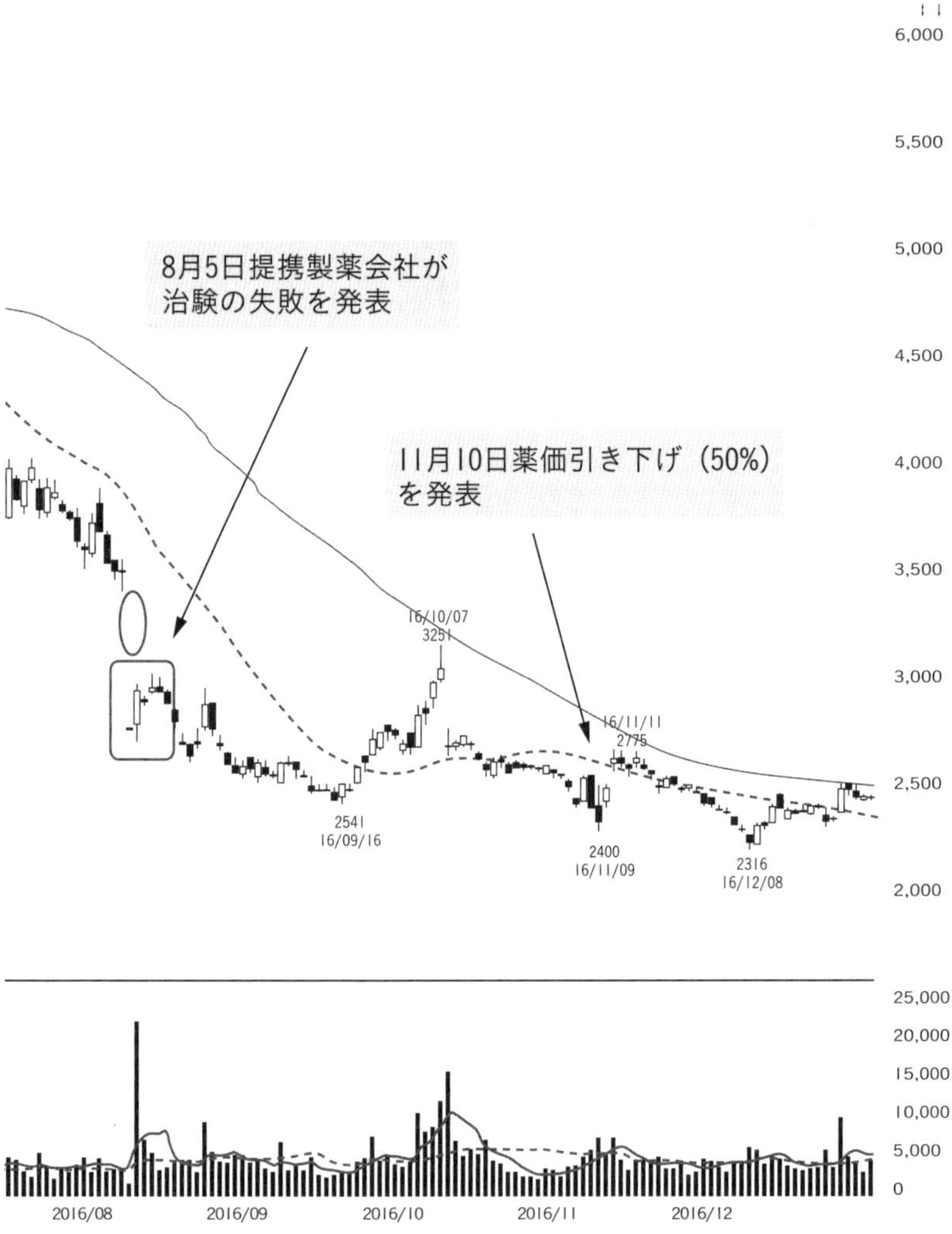

6,000
5,500
5,000
4,500
4,000
3,500
3,000
2,500
2,000
8月5日提携製薬会社が
治験の失敗を発表
11月10日薬価引き下げ（50%）
を発表
16/10/07
3251
16/11/11
2775
2541
16/09/16
2400
16/11/09
2316
16/12/08
25,000
20,000
15,000
10,000
5,000
0
2016/08
2016/09
2016/10
2016/11
2016/12

小野薬品工業（4528）

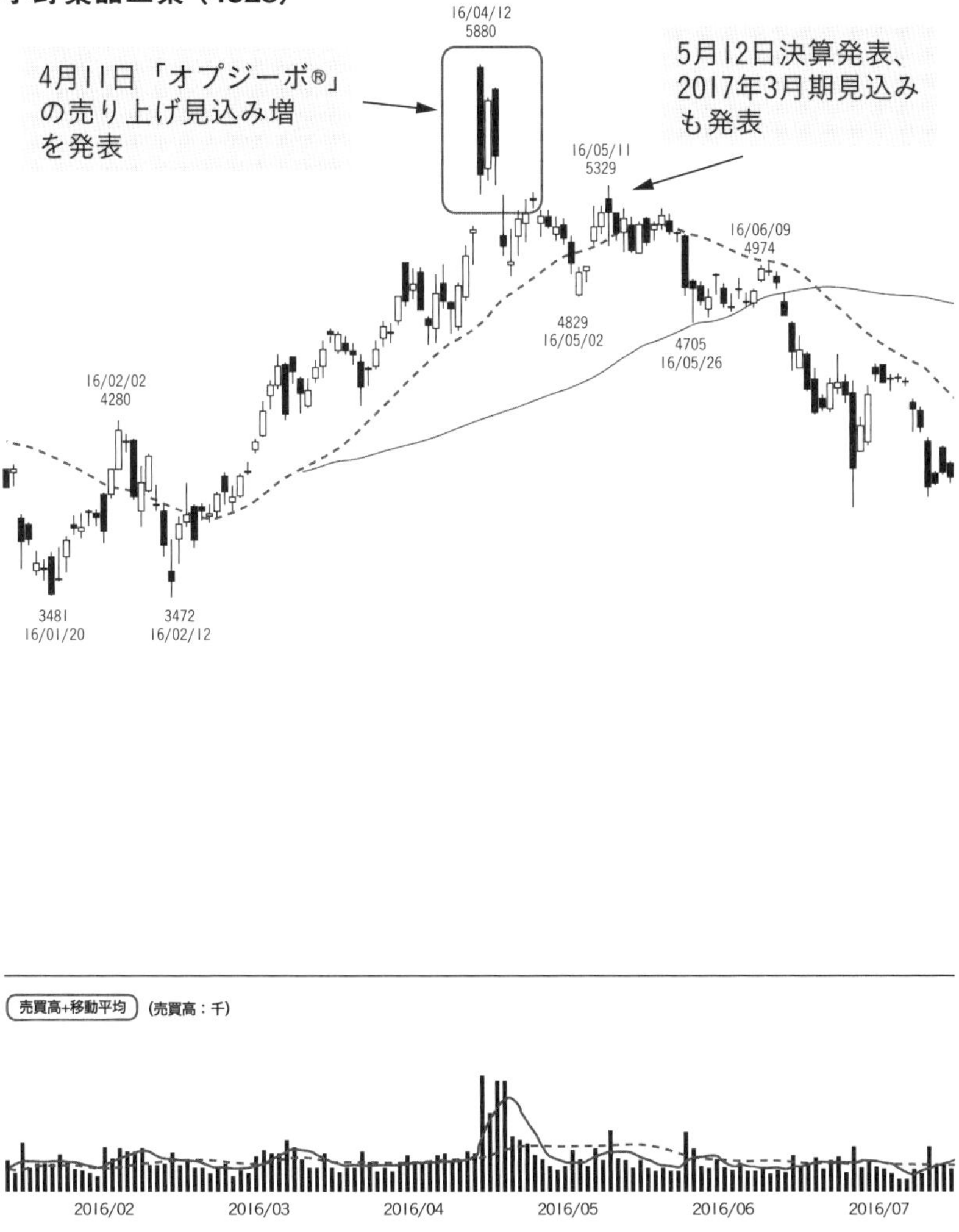
16/04/12
5880
4月11日「オプジーボ®」の売り上げ見込み増を発表
5月12日決算発表、2017年3月期見込みも発表
16/05/11
5329
16/06/09
4974
4829
16/05/02
4705
16/05/26
16/02/02
4280
3481
16/01/20
3472
16/02/12
売買高+移動平均
(売買高：千)
2016/02
2016/03
2016/04
2016/05
2016/06
2016/07

売になって、それが中長期的に会社の業績を押し上げると考えれば、急上昇する局面ではなく株価がいったん落ち着いたところで買えば、急騰・急落の流れに巻き込まれずにじっくりと投資することができるはずです。そのためには、慌てて上値を追いかけるのではなく、どのような材料で上がっていて、それは業績にどんな影響を与えるのかを冷静に考えることが必要です。

ちなみに、任天堂は「Pokémon GO」ブームの後、「Nintendo Switch」を発売して好評だったことで再び株価は上昇していきました。しかし、小野薬品工業のほうは16年8月にオプジーボの薬価を50％に引き下げるという悪材料が出て、さらに株価は大幅に下落、18年1月時点でも、16年の高値からは大きく下落したままです。

なんとなく適当に買ってもうまく儲けられるはずがない――

「慰み仕掛け禁物」

当たり前といえば当たり前ですが、いい加減な気持ちで適当に「エイヤッ」と買って儲かるほど、株式投資は甘くはありません。相場の方向を見て、買いたい銘柄の業績動向や事業の内容をチェックして、チャートで株価の状況を見て、買いのタイミングをしっかり探ってから買うのが原則であり鉄則です。

いい加減な気持ちで買うことを戒める代表的な相場格言には、「慰み仕掛け禁物」があります。「慰み仕掛け」つまり「いい加減に買う」のはダメだということです。

また、似たような相場格言として「けなり売り、悋気《りんき》買い（「けなり売り、けなり買い」とも言う）」があります。こちらは、人の取引を妬んだりうらやんだりして、感情的に売買してしまうことを指します。たとえば、知り合いがある株を買って儲けたと聞いて「悔しい、自分も買ってやろう！」と買い場でもないのに買ってしまうケースです。最近は、

ＳＮＳなどで他人の取引が手に取るようにわかることも多く、人が儲けているとうらやましくなって、自分で考えずにただ追随して買ってしまう人もいるようですが、当然ながらそんな安易な買い方は決してやってはいけません。

思い当たる節がないか、すでに株式投資をしている人は、ご自身の売買を一度振り返ってみてもいいかもしれません。

「慰み仕掛け」の失敗例として、反省を込めつつ私自身の話をしましょう。

コメダ珈琲店を展開するコメダホールディングスの取引です。２０１６年6月29日に新規上場し、まず上場日の寄付で買って、高値をつけて下落に転じたところで売却して利益を得ました。ただ、これからお話するのは、その後のところです。売却後に、上場と同時に株主優待も導入していたことを知って、再度エントリー。しかし、その後株価は大きく下落してしまいました。

私は、大きな取引とは別に、自分自身の楽しみとしてときどき株主優待のある銘柄を購入することがあります。株主優待は、保有株数が増えればたくさんもらえるというわけではない場合が多いため、株主優待銘柄は獲得に必要な最低単元数しか買いません。必要資金が少ないこともあって、買い場探しがいい加減になってしまったよくない例です。もちろん、どんなに投資金額が小さくても「慰み仕掛け」は禁物です。

ただし、コメダホールディングスについては、株主優待を金銭換算すると一応トータルではプラスになっています。チャートを見ると、最初の権利確定日までの間は買い場ではなかったということがよくわかるのではないでしょうか。

気に留めておいて損はない「アノマリー」との付き合い方――
「五月米、人気弱くて値は上がる」
「節分天井、彼岸底」

江戸時代の米相場に関わる言葉には、米相場特有の状況を表しているものもあります。

たとえば、「五月米、人気弱くて値は上がる、四月下旬に買いの種まけ」の句は、5月の相場は人気がないと思われがちだが実は上昇するものなので、4月のうちに買っておいたほ

2017
2000円到達も維持できなかったので、売り
17/06/06
2007
17/04/26
1980
17/02/22
1949
17/01/13
1937
1851
17/01/25
1859
17/05/01
1772
17/04/10
2,100
2,000
1,900
1,800
1,700
1,600
1,500
12,000
10,000
8,000
6,000
4,000
2,000
0
01
2017/02
2017/03
2017/04
2017/05
2017/06

コメダホールディングス（3543）

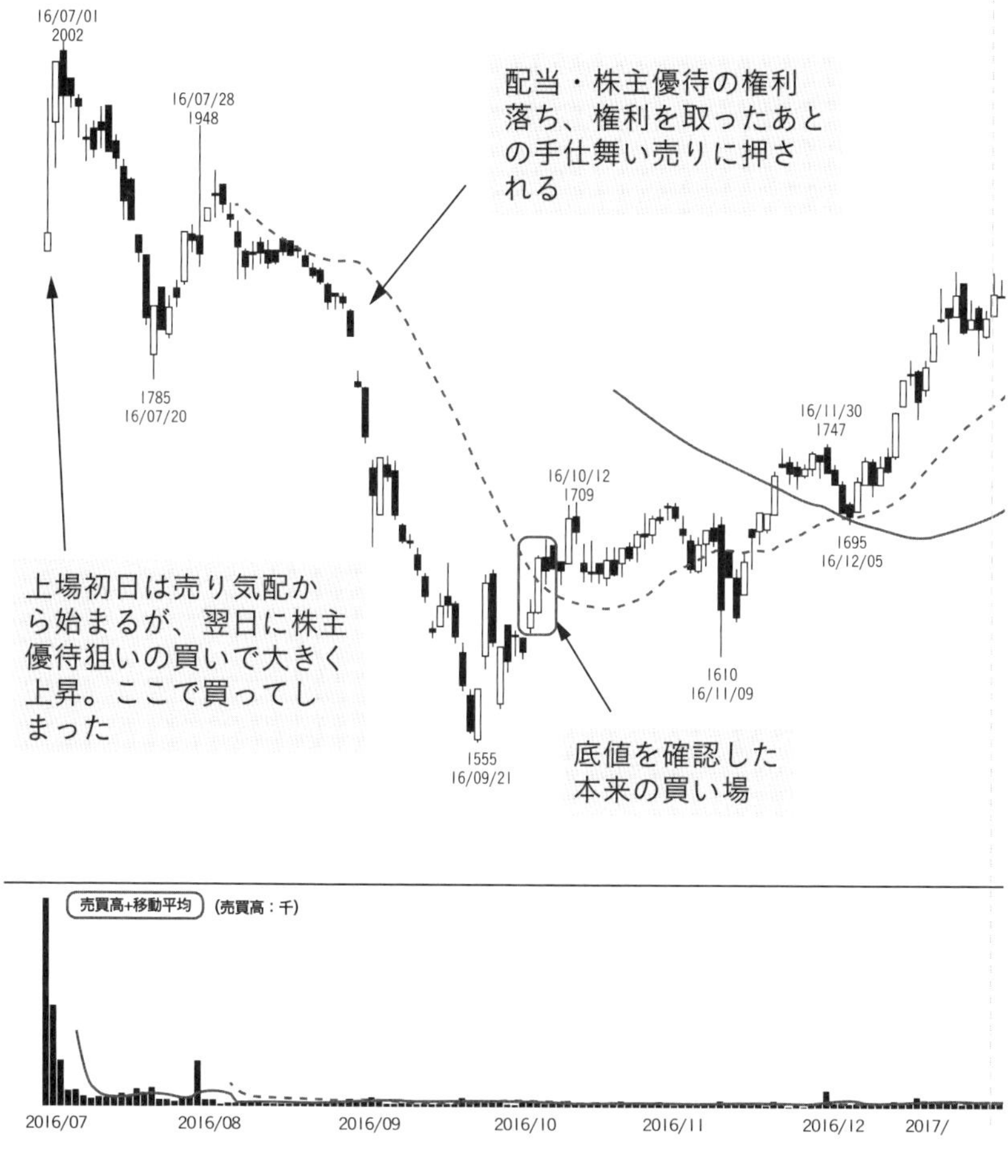

うがいい、という意味です。これは牛田権三郎が残した言葉ですが、実際にこういったことが何度かあってそこからの経験則だろうと推察されます。

ただ、あくまで江戸時代の米相場について述べたものなので、「5月に上がるので4月に買っておけ」を、何月かも含めてそのまま現代の株式相場に当てはめるのは無理があります。とは言え、まったく役に立たないかというとそうでもなく、「みんなが下がる下がると言っているときには得てして上がるものだから、早めに買いを入れておいたほうがいい」という意味だと解釈すれば、現代でも通じる部分はあるでしょう。

また、「○月はこうなる」といったアノマリーは現代の株式相場でもさまざま言われています。ちなみに「アノマリー」とは、必ずしも明確な根拠があるとは言えないものの経験的には当たっている場合も少なくない、相場の変動やその要因のことを指します。

よく知られているものとしては、「節分天井、彼岸底」があります。2月上旬に高値をつけて、その後は下落に転じて3月半ば過ぎに安値を付けるということです。理由を付けるとすれば、年始の新春相場で上がった株価が、3月末の決算を控えて徐々に調整を強めていくことが多いということでしょうか。

ほかにも、「4月高、鯉のぼり天井」や「夏枯れ相場」（8月はお盆休みもあり、取引高が減って株価が下げ基調になりやすい）など、挙げていけばきりがありません。ただし、統計的に見ると当たっているとは言えないものも多く、アノマリーをむやみに信じることはおすすめできません。

では、アノマリーにはまったく意味がないか、無視したほうがよいかというと、そうとも言えません。玉石混淆《ぎょくせきこんこう》なのは確かで、単なるこじつけだったり、「猛暑だと飲料株が上がる」のような需給の話をアノマリー風にしているだけのものもありますが、中には少し気に留めておくとよいものもあるからです。

「今は相場が上昇基調だけれど、アノマリーによるとここは天井かもしれない。ちょっと注意して取引しておこう、相場の状況をもう一度よく確認してみよう」。アノマリーを参考に、そのような意識を働かせておくことは決してマイナスにはならないでしょう。

もうひとつ、「新しいアノマリー」とでも言えるものが、ときどき相場には出現しています。たとえば、「10月は、11月決算のヘッジファンドが売りに出るので下がる」「1月は、12月決算を経て外国人投資家が新たに買いに出てくるので高い」などです。

そうした「新しいアノマリー」と言えるものをひとつ紹介しておきましょう。

それは、「月の初めは株価が強い」です。その背景にあると私が考えているのは、機関投資家や年金資金などが月初には買いを入れていることです。機関投資家や年金資金は、「今月これくらい株式を買い入れる」という予定があらかじめ決まっています。タイミングを見ながら買うにしても、月初はとりあえずある程度買い入れるようで、ここ1年以上、月の初めは株価が強いという状況が続いているのです。

2017年7月の東京都議会議員選挙を覚えているでしょうか。このときは、小池旋風が吹いて自由民主党が大敗したため、「選挙結果を受けて月曜は株価が下落するだろう」と言われていました。しかし、ふたを開けてみれば株価は下がりませんでした。この項目の冒頭で述べた、まさしく「みんなが下がる下がると言っているときには得てして上がるものだ」という状況になりました。

では、その理由はなんだったのか。「自民党が負けたのに下がらなかったのは相場が強いからだ」と考えた人もいたようですが、翌火曜日の日経平均は下落に転じました。実は、都議選が行われたのは7月2日。翌日の月曜は7月最初の平日だったため、前述の「月初の買い」が入ったと考えられるのです。

こうした「月初の買い」がいつまで続くのかはわかりませんが、現状では「月初は高い」(場合が多い)ことは、ひとつのアノマリーとして意識しておいて損はないでしょう。このことに限らず、相場を動かしている要因にはさまざまあるという一例として、アノマリーをご自身の投資行動の参考にして欲しいと思います。

ここでは、今のところ「新しいアノマリー」と言えるかもしれない「月の初めは株価が高い」を日経平均で検証してみましょう。

日経平均（月足）

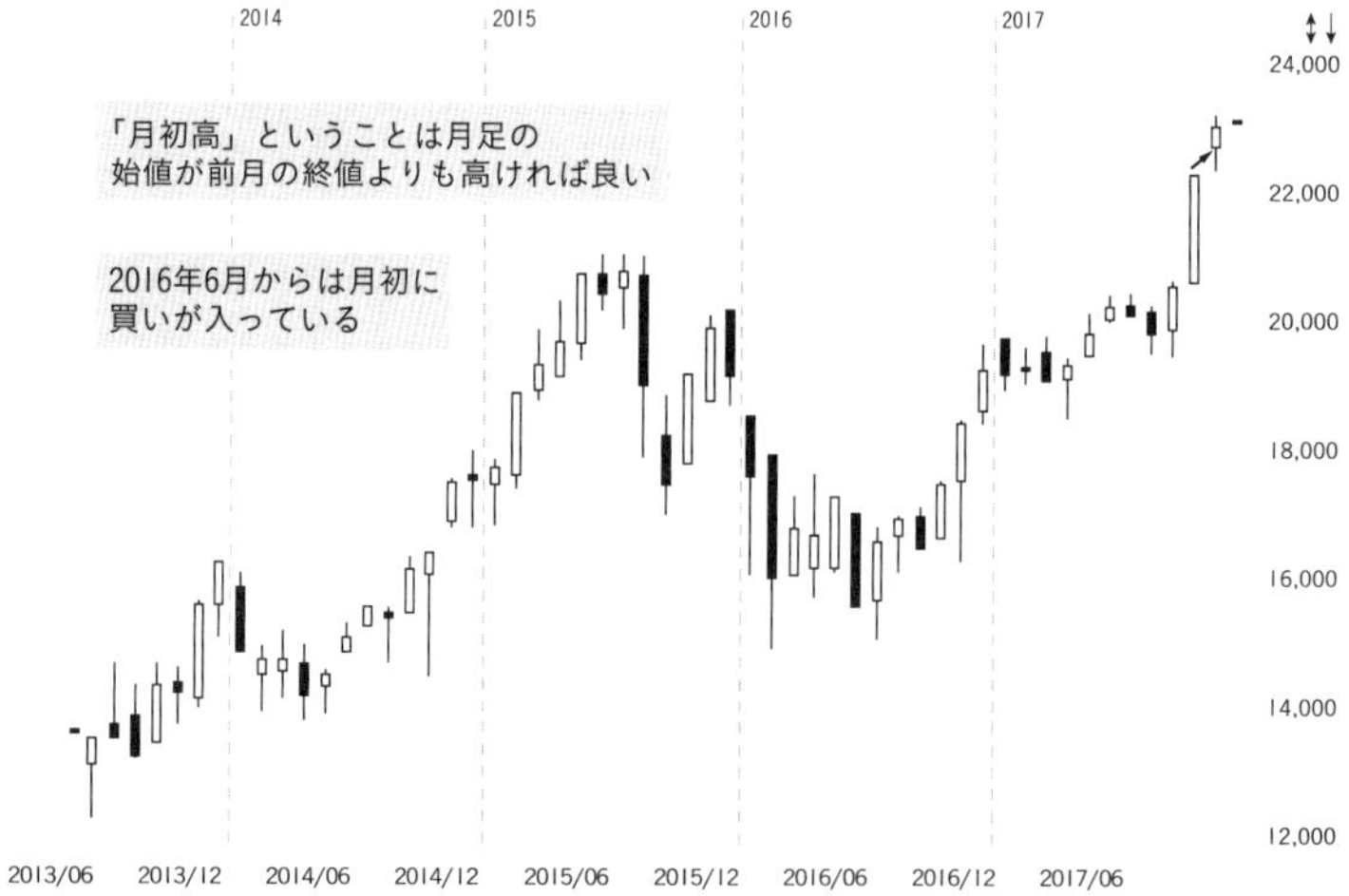

日経平均

2013.06	●	2014.05	○	2015.04	●	2016.03	○	2017.02	○
2013.07	○	2014.06	○	2015.05	○	2016.04	●	2017.03	○
2013.08	○	2014.07	○	2015.06	○	2016.05	●	2017.04	○
2013.09	○	2014.08	●	2015.07	○	2016.06	●	2017.05	○
2013.10	○	2014.09	○	2015.08	●	2016.07	○	2017.06	○
2013.11	●	2014.10	●	2015.09	●	2016.08	○	2017.07	○
2013.12	●	2014.11	○	2015.10	○	2016.09	○	2017.08	○
2014.01	●	2014.12	○	2015.11	●	2016.10	○	2017.09	○
2014.02	●	2015.01	●	2015.12	○	2016.11	○	2017.10	○
2014.03	●	2015.02	●	2016.01	●	2016.12	○	2017.11	○
2014.04	●	2015.03	○	2016.02	○	2017.01	○	2017.12	○

第2章

万人が弱気なら、あほうになって米を買うべし——ドカンと上がる銘柄を底値でつかむ「買い」の極意

相場は仕掛けが最も重要、焦らず絶好の買い場を探ること

通常、株式投資は「買い」からスタートしますから、「いつ買うか」という買いのタイミングを探ることが非常に重要になります。その際の心構えとして大切なのが、第1章の冒頭でもお伝えした「焦ってはいけない」です。株を買おうと考えると、できるだけ早く銘柄を決めて早く買いたいとなりがちです。しかし、「早く買わないと」という焦りがあると、今まさに上がっている人気の銘柄に飛びついて、買いのタイミングを間違えることになりかねません。

「買い」の場合、その銘柄を買わなかったからと言って、自分が損をすることはありません。上がっているのを見て「買えばよかったなあ」と残念に思うくらいで、懐はまったく痛まないのです。

しかも、現代の株式市場には約4000銘柄が上場しています。買いそびれてすでに高

値になっている株をわざわざ追いかける必要はなく、これから上がるほかの銘柄を探せばいいだけです。多くの場合、一銘柄だけが上がる相場というのはなく、必ずほかにも上がる銘柄があるはずなので、その中から適切なものを探して買うことが得策です。

そもそも、仕事でトレードをしているのでなければ、どうしても今日買わなければならないというものではないでしょう。株式市場は、営業日であれば明日も来週も来年もやっています。米相場の格言ではありませんが、「相場は明日もある」という格言もあります。慌てて買って損をするよりは、しっかりと買い場を探して、よりよいタイミングで買うことを心掛けましょう。

買いのタイミングを示唆する米相場の格言には、第1章でも紹介した「千人の逆を行け」や、「弱人気の逆で買う」「大逆鞘は買い」などがあります。要は、ほかの人が売っていて、下落しているときこそが買い場だということです。もちろん、ただ下落しているところを買うのでは「落ちるナイフ」をつかんでしまう可能性もあります。そうではなく、下落しきったところ、つまりは「売る人がいなくなったところ」を見極めることが重要です。

では、どうやって下落しきったところを見つければよいのでしょうか。具体的な買い場は、チャート上のローソク足の変化などから探していくことになります。もちろん、実際に買う際には、どんな要因で下げているのか、業績や事業の見通しはどうなっているのかといった事柄からの確認も必要になります。

みんなが売っているときこそ絶好の買い場になる――

「弱人気の逆で買う」「万人が弱気なら、あほうになって米を買うべし」「大逆鞘は買い」

買いに関わる相場格言で最も多いのは、「みんなが売っているときにこそ買いなさい」というものです。みんなが売っているときとは、簡単にいえば株価が大きく下落しているときです。

その代表的な格言が、「弱人気の逆で買う」です。これは、すべての相場参加者が株価の先行きに対して悲観的なときに買い場を探すという意味です。

では、どのようなときが「弱人気」なのでしょうか。具体的には、２０１６年６月の英国の国民投票でＥＵ離脱が決定したときや、第1章でも説明した16年11月の米国大統領選挙でトランプ氏が選ばれたときなどが挙げられます。相場全体が「もうダメだ」と悲観的になったときが買い場ということなのです。

なぜかといえば、万人が弱気になっているときには、本来なら買われるような好材料のある銘柄や業績のよい銘柄まで買われずに放置されたり、他の銘柄と一緒になって売られたりするからです。そうしたタイミングで仕込めば、安く買うことができ、大きな利益を得ることが可能になります。

また、少し長いものでは「火中へ飛び込む思い切り、海中へ飛び込む心持ち」という格言もあります。これは、そのくだりの全文を現代語に訳すと「みんなが強気で自分も買いたいときには火の中に飛び込む気持ちで売り、みんなが弱気で自分もこの相場は弱いと思うときこそ海に飛び込むつもりで買うべきだ」という内容です。この格言のポイントは、「自分も同じように思っているとき」というところでしょう。みんなが売っているときには、自分もやはり弱気に思うものです（もちろん、逆も同様です）。しかし、そういうときこそが本当の買い場であり、思い切って行動すべきだということです。

さらには、本章のタイトルになっている「万人が弱気なら、あほうになって米を買うべし」といった格言もあります。

いずれにしろ、相場全体が右を見ても左を見ても弱気になっているときは、とりあえずそこで買ってみてもよいのではないかということです。

みんなが売っているときという意味では同様ですが、少し方向性の異なる相場格言も挙げておきましょう。「大逆鞘は買い」です。逆鞘《ぎゃくざや》とはもともと先物取引の用語で、期日が遠いもののほうが安くなることを指します。先に行けば安くなるのであれば、今売っておいたほうがよさそうだと考える人が増えて今の価格が下落します。しかし、みんなが「先は安くなる」と思っているときには往々にしてそうはならないため（理外の理と言えるかもしれません）、先安感から下がっている今のうちに買っておくのがよいということです。

ここでは、「大逆鞘は買い」の例として17年4月のソニーを取り上げます。

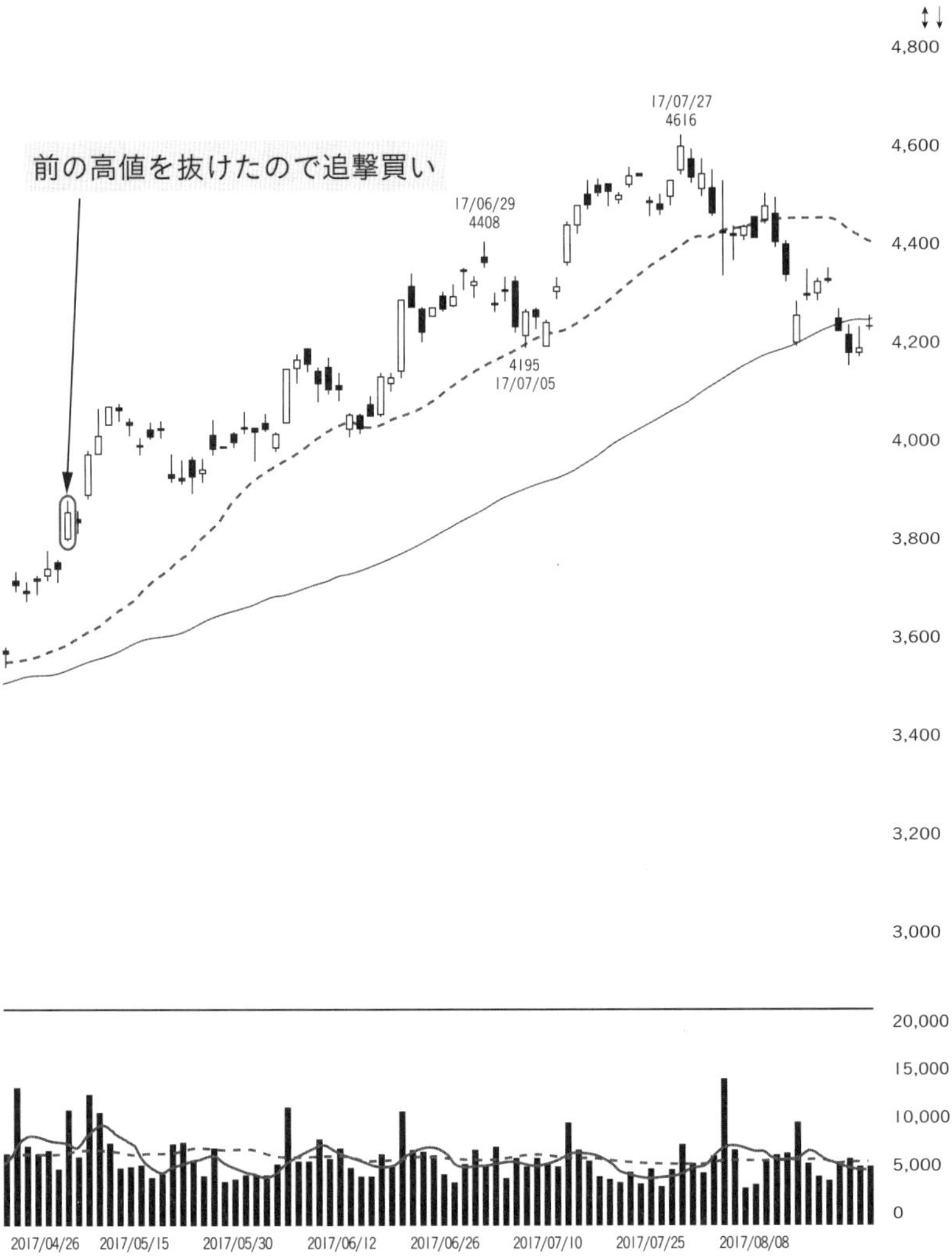

前の高値を抜けたので追撃買い
17/06/29
4408
17/07/27
4616
4195
17/07/05
4,800
4,600
4,400
4,200
4,000
3,800
3,600
3,400
3,200
3,000
20,000
15,000
10,000
5,000
0
2017/04/26
2017/05/15
2017/05/30
2017/06/12
2017/06/26
2017/07/10
2017/07/25
2017/08/08

ソニー（6758）

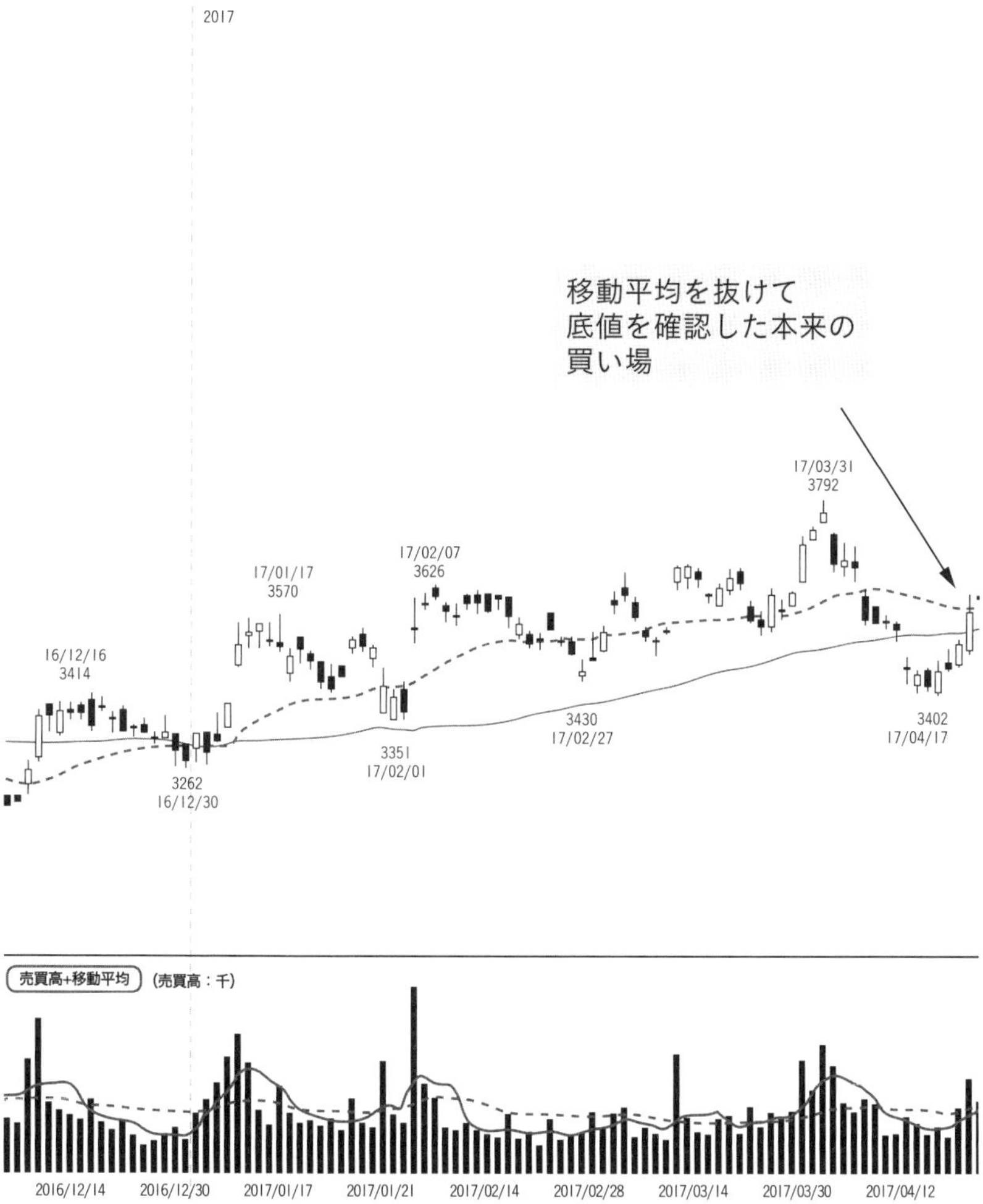
2017
移動平均を抜けて
底値を確認した本来の
買い場
16/12/16
3414
3262
16/12/30
17/01/17
3570
17/02/07
3626
3351
17/02/01
3430
17/02/27
17/03/31
3792
3402
17/04/17
売買高+移動平均
(売買高：千)
2016/12/14
2016/12/30
2017/01/17
2017/01/21
2017/02/14
2017/02/28
2017/03/14
2017/03/30
2017/04/12

十分に下がるのを待ってから買えば儲かる——

「三空叩き込みに買い向かえ」

相場が大きく下落して、「これより下はもう売る人がいない」という状況になると、そこからは高い確率で上昇に転じます。「底値」のタイミングは、チャートとローソク足の変化から見極めると説明してきましたが、その中でも最もわかりやすいと言えそうなのが「三空」が現れたときです。

三空とは、チャート上でローソク足の間に3回連続で窓が空いた状態を指し、株価の急激な上昇または下落によって起こります。

通常は、株価は窓を空けた方向に動きます。上昇なら上昇、下落なら下落方向というわけです。しかし、短期間に連続して3つあるいはそれ以上、窓を空けた場合は、そこが転換点となって株価の流れが変わります。つまり、3つ連続して窓を空けて下がった場合は、大底を形成して、そこが絶好の買いタイミングになるということです。

実際には、三空の後にもう一、二回下げて四空、五空になるケースもありますが、その場合も買値くらいまでは戻るパターンが多いので、比較的買いやすいところです。

このことを示している相場格言が「三空叩き込みに買い向かえ」です。とても具体的で、かつ今でも十分に通じる内容と言えるでしょう。

例として挙げるのは、2016年2月に相場全体が大きく下落したときのパナソニックのチャートです。三空というよりは四空と言えそうですが、きれいに窓を空けて下がっていて、なおかつ四空を付けた後は上昇に転じていることが一目でわかります。

買いタイミングを探るのにわかりやすく使いやすい「三空叩き込み」ですが、注意すべき点もあります。それは、どのような理由で大きく下げているのかということです。

例として挙げたパナソニックの下落理由は、相場全体の下げに伴うものです。実は、パナソニック以外にも、同じように三空になった銘柄は複数ありました。

相場全体が弱気になったことで一緒に下げているので、パナソニック自体にさほど悪い材料はありません。そのため、三空で底入れした後は上昇に転じました。

しかし、個別銘柄で「みんなが弱気になる」ほどの悪材料があって下げている場合は、別です。三空の後も浮上することは難しく、さらに下げが続く可能性もあります。たとえ

「節目」＝大きく「窓」を開けたところが上値になり下落
16/04/25
1061.5
16/05/31
1035
912.1
16/05/06
859
16/04/06
16/06/27
881
838.9
831.4
16/06/24
16/06/28
1,500
1,400
1,300
1,200
1,100
1,000
900
800
700
50,000
40,000
30,000
20,000
10,000
0
2016/03/28
2016/04/11
2016/04/25
2016/05/13
2016/05/27
2016/06/10
2016/06/24
2016/07/08
2016/07/25

パナソニック（6752）

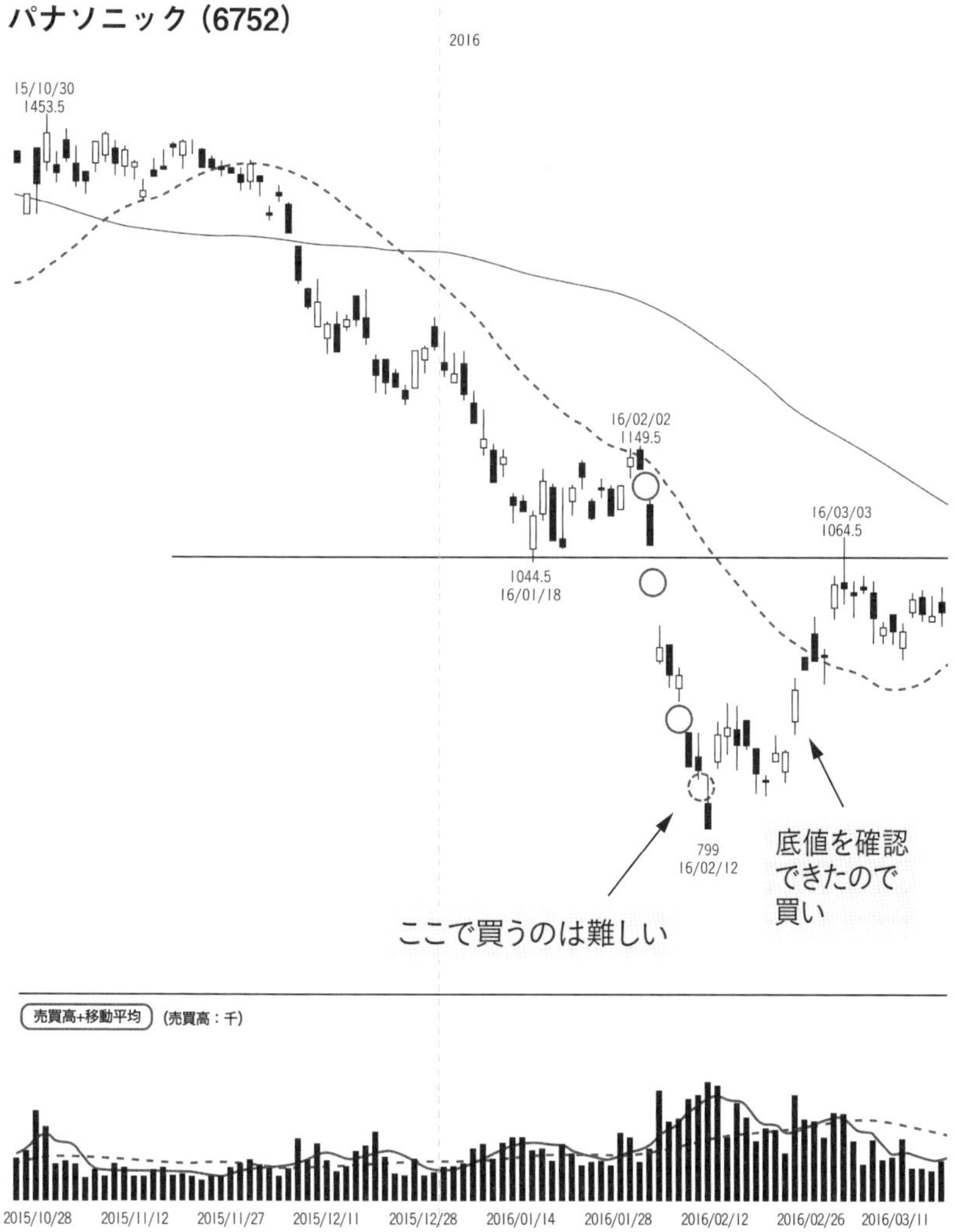
2016
15/10/30
1453.5
16/02/02
1149.5
16/03/03
1064.5
1044.5
16/01/18
799
16/02/12
底値を確認
できたので
買い
ここで買うのは難しい
売買高+移動平均
(売買高：千)
2015/10/28
2015/11/12
2015/11/27
2015/12/11
2015/12/28
2016/01/14
2016/01/28
2016/02/12
2016/02/26
2016/03/11

ば、経営破たんや粉飾決算といった深刻な問題を抱えていて解決の道筋が見えていない銘柄については、三空であっても買いタイミングとは言えません。

もちろん、全体相場に関係なく個別銘柄が下げていて、三空を付けた後で上がるというケースもありますが、狙い目はあくまで「相場全体の下落に伴う、三空叩き込み」だと考えます。

ここからは上昇と思っても、まずは打診買いから始める――「千天元」「買い米を一度に買うは無分別」

チャート上で「どうやら売る人がいなくなった」ということが確認できたら、そこで初めて買いを入れます。ただ、本当に下げ止まったかどうか、なかなか確信が持てないケースもあります。いきなり資金を突っ込んで、「もうはまだなり」でそこからさらに下がるとダメージが大きくなってしまいます。

そこで考えたいのが、一部の資金で少しだけ買ってみる「打診買い」です。わかりやすい話なので相場格言を用いるまでもないかもしれませんが、江戸時代の米相場では打診買いを「千天元」や「萬天元」、「枕米」などと呼んだようです。また、「買い米を一度に買うは無分別、二度に買うべし」という相場格言もあります。

「底値かもしれない」「売りものがなくなったかもしれない」というような「かもしれない」の状況のときには、とりあえず少しだけ買ってみるということです。ただし、このときもチャートとローソク足を見て、買ってもよい状況なのかどうかは確認する必要があります。

打診買いの例として取り上げるのは、2017年4月のTDKのチャートです。17年2月2日に大きく下落し、そこから一旦上昇に転じましたが2月1日の上値を抜けず、そこからずるずると下落していました。しかし、4月半ばに16年11月に付けた安値水準まで下がった後は保ち合いとなり、そこから下がらなかったため、4月21日に打診買いを、さらに上昇が確認できたところで追撃買いをしています。

また、もう一銘柄、16年11月の船井電機のチャートも見ておきましょう。こちらは、底

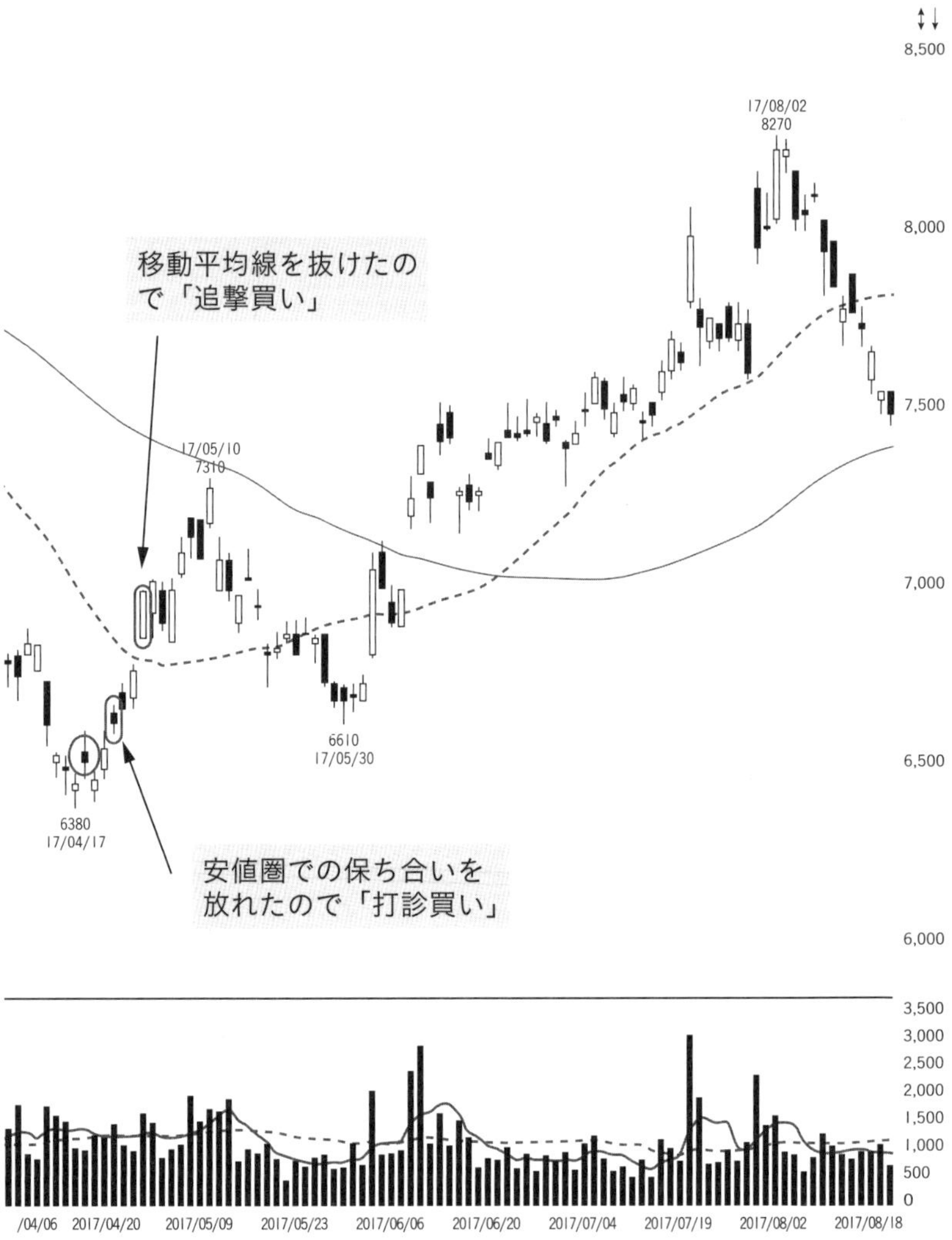

8,500
8,000
7,500
7,000
6,500
6,000
17/08/02
8270
17/05/10
7310
6610
17/05/30
6380
17/04/17
移動平均線を抜けたので「追撃買い」
安値圏での保ち合いを放れたので「打診買い」
3,500
3,000
2,500
2,000
1,500
1,000
500
0
/04/06
2017/04/20
2017/05/09
2017/05/23
2017/06/06
2017/06/20
2017/07/04
2017/07/19
2017/08/02
2017/08/18

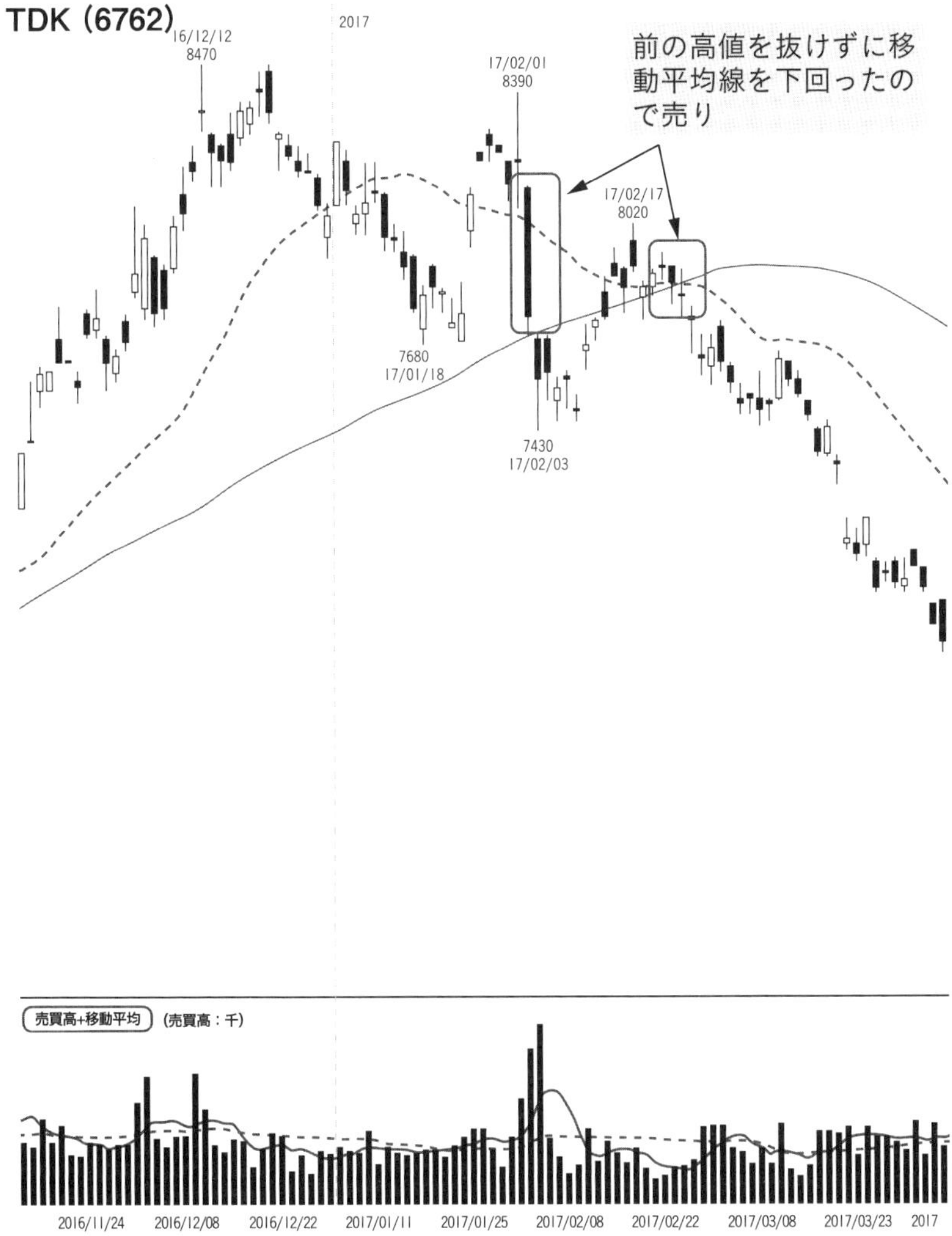
TDK (6762)
16/12/12
8470
2017
17/02/01
8390
前の高値を抜けずに移動平均線を下回ったので売り
17/02/17
8020
7680
17/01/18
7430
17/02/03
売買高+移動平均
(売買高：千)
2016/11/24
2016/12/08
2016/12/22
2017/01/11
2017/01/25
2017/02/08
2017/02/22
2017/03/08
2017/03/23
2017

船井電機（6839）

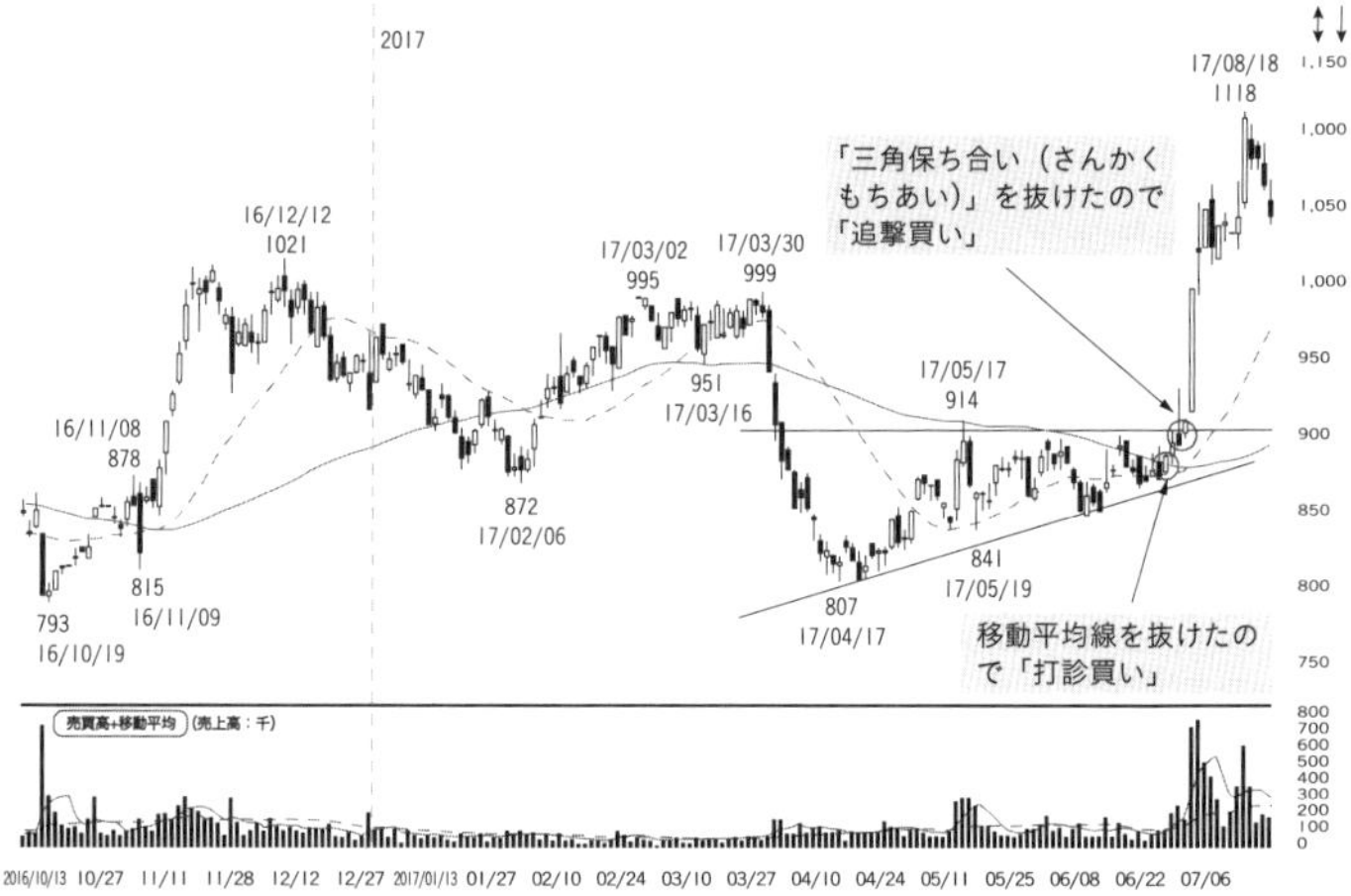

値ではなく三角保ち合いのチャートです。

三角保ち合いとは、株価の上値抵抗線と下値支持線が徐々に近づき、三角形に収束するチャートを指します。三角保ち合いを上に抜けた場合は、その後上昇することが多いため、抜けたところで打診買いをして、さらに上放れを確信できたところで追撃買いをするパターンです。

船井電機の場合は、高値を抜けそうで抜けないという状況が3度あり、下げているところでは出来高が少なかった点に注目しました。つまり、「上がるんじゃないか」と思っている人が多いので、下げていてもみんな売ってない。だから、上放れする直前で「今度はいけるだろう」と考えて打診買いをしています。

このように、必ずしも「底値」でなくても買えるチャートもあります。チャートとローソク足のパターンをよく知っておけば、打つ手は広がるということです。

底値だと思えば一度買ってみて、さらに買い増すのが有効――「底値買い重ねのこと」

前の項目では、試しに少しだけ買ってみる「打診買い」を説明しました。この打診買い「千天元」とほぼ似たような相場格言に、「底値買い重ねのこと」があります。底値だと思ったところでは一度買ってみて、そこから下がらないのであればさらに買い増しをするのがよいだろうという意味です。

確実に底値が確認できたところで買うのが最も安心感はありますが、そうではなくても

「恐らく底値だろう」と思ったら少し買ってみても構いません。たとえば、安値圏でのもみ合いから抜けた場合、その直前が底値になりますが、もみ合いから抜ける前に少しだけ買ってみるということです。

とは言え、自分勝手に「そろそろ底値だろう」と考えるのではなく、「安値圏でもみ合っていて下げ止まっている」「下落していても前回安値を割らないで推移する」など、必ず「そろそろ底値だ」と考える根拠は持っておきましょう。

さて、「底値買い重ねのこと」の例として、ここでは2017年4月の村田製作所のチャートを取り上げます。ここでは、相場参加者の心理を少し想像しながらチャートを見てみましょう。3月から下落を続けてきて、4月になると安値圏での保ち合いになってきました。そろそろ底値ではないかと考えられますが、このとき相場参加者はまだ疑心暗鬼の状態です。保有中の人はまだ下がるのではないかと不安で、一方、買いたいと考えている人は「そろそろ底だ」という気持ちと、ここで買って下がったら困るという気持ちの両方があると考えられます。

ただ、どうやら売りたい人はすでに売ってしまっているというのも、このチャートからは見て取れます。その理由は、安値圏での保ち合いを細かく見ていくと、少し安値を切り

村田製作所（6981）

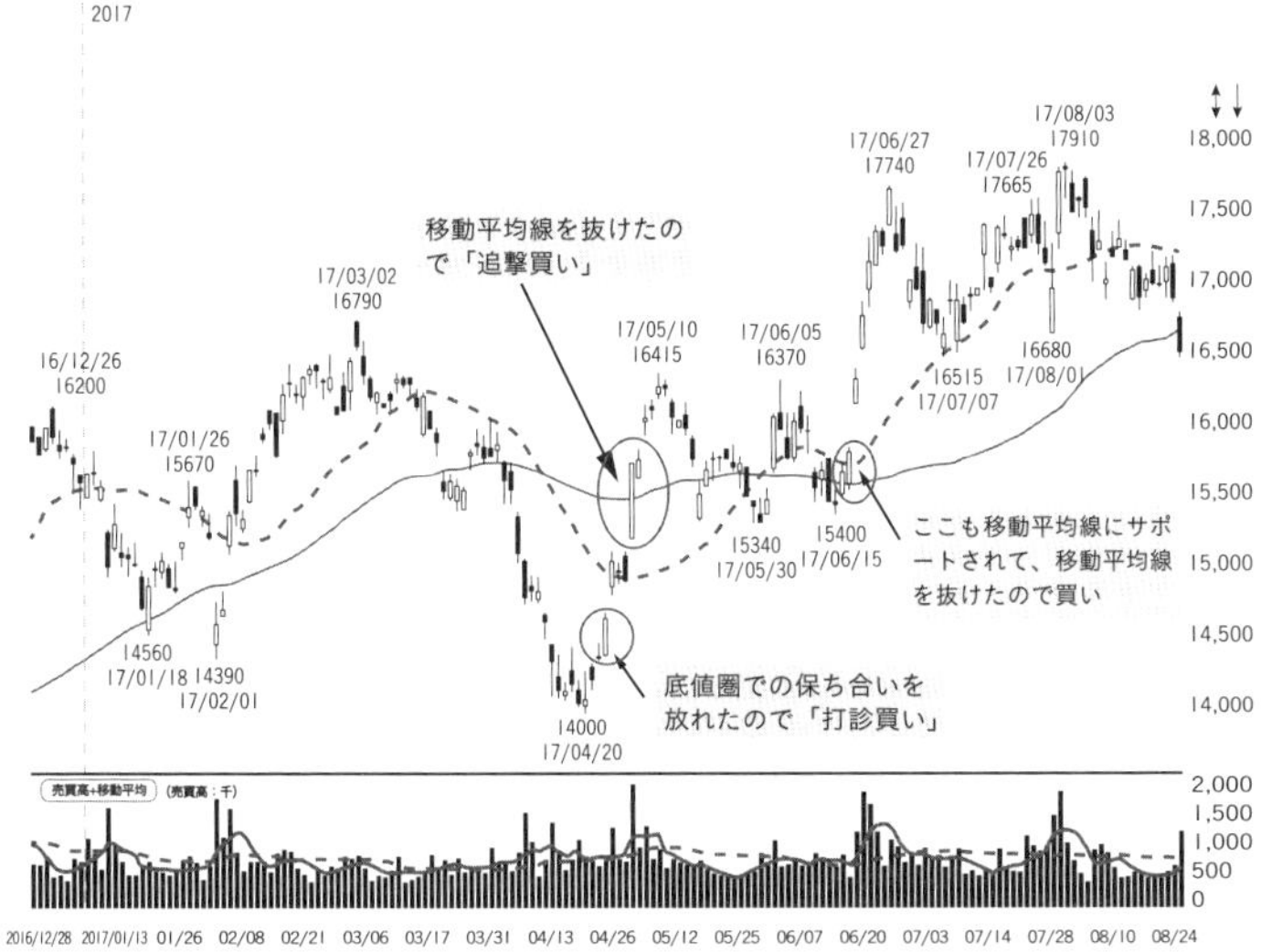

下げているにもかかわらず、大きく売られていないからです。こういう場合、まだ売り物があればさらに下げるはずです。また、1月、2月まで遡ってチャートを見ると、下落局面でも1万4000円台で下げ止まっていることがわかり、4月も1万4000円前後で保ち合いになっていますから、どうやら1万4000円が節目ではないかと考えられます。

つまり、ほぼこのあたりが底値ではないかと推測できるので、ここは「底値買い」のタイミングだろうと判断できるわけです。

これも、常に同じ判断が正解とは限

りませんが、このケースではこのように考えて、4月24日にまず一度買って、その後、さらに買い増しを行うと有効だったと言えます。

気を付けたいのは、決して「買い下がり」ではないということです。「落ちるナイフ」を途中でつかむのではなく、あくまで底値圏で買ってみて、そこからさらに買い足すというイメージを持ってください。

相場参加者の心理を考えながらローソク足を見る習慣をつける——

「高下とも長き足には乗がよし」「飛び下げはいつでも米に向かうべし」

具体的な売買のタイミングを見極めるのに、ローソク足は重要なツールです。「この組み合わせになったら買い」「この陽線がここで出たら売り」など、パターンを数多く知っておくことは株取引の大きな武器になります。ただし、本書で再三述べているように、単にパターンを覚えて、機械的に当てはめるだけでは長い間勝ち続けていくことはできないと考えます。理由のひとつは、ローソク足の組み合わせがまったく同じでも、相場状況や株価の位置、その銘柄が持っている材料などによって、その後の値動きは変わってくる可能性が高いからです。一方で、株価位置や株価材料についても織り込んだ上でのローソク足ということも言えます。

ローソク足を形成しているのは「ここで買う」「ここで売る」という投資家の意思と心理です。たとえば、長い陽線は「どれだけ高くても今日買いたい」と考える投資家が数多くいることの表れだと考えれば、株価位置や株価材料も含まれているということに納得できるのではないでしょうか。

ローソク足を見るときには、そうした相場参加者の心理を意識することを忘れないで欲しいと思います。それが、取引の上達にもつながっていくのではないかと考えます。

さて、ローソク足は本間宗久がその元を作ったとされていますが、牛田権三郎も米相場で商いをする際にはローソク足に通じる考え方をしていたようです。ここでは、『三猿金泉秘録』の中でローソク足の動きを表したと思われる句を取り上げて、併せて具体的な

信越化学工業（4063）

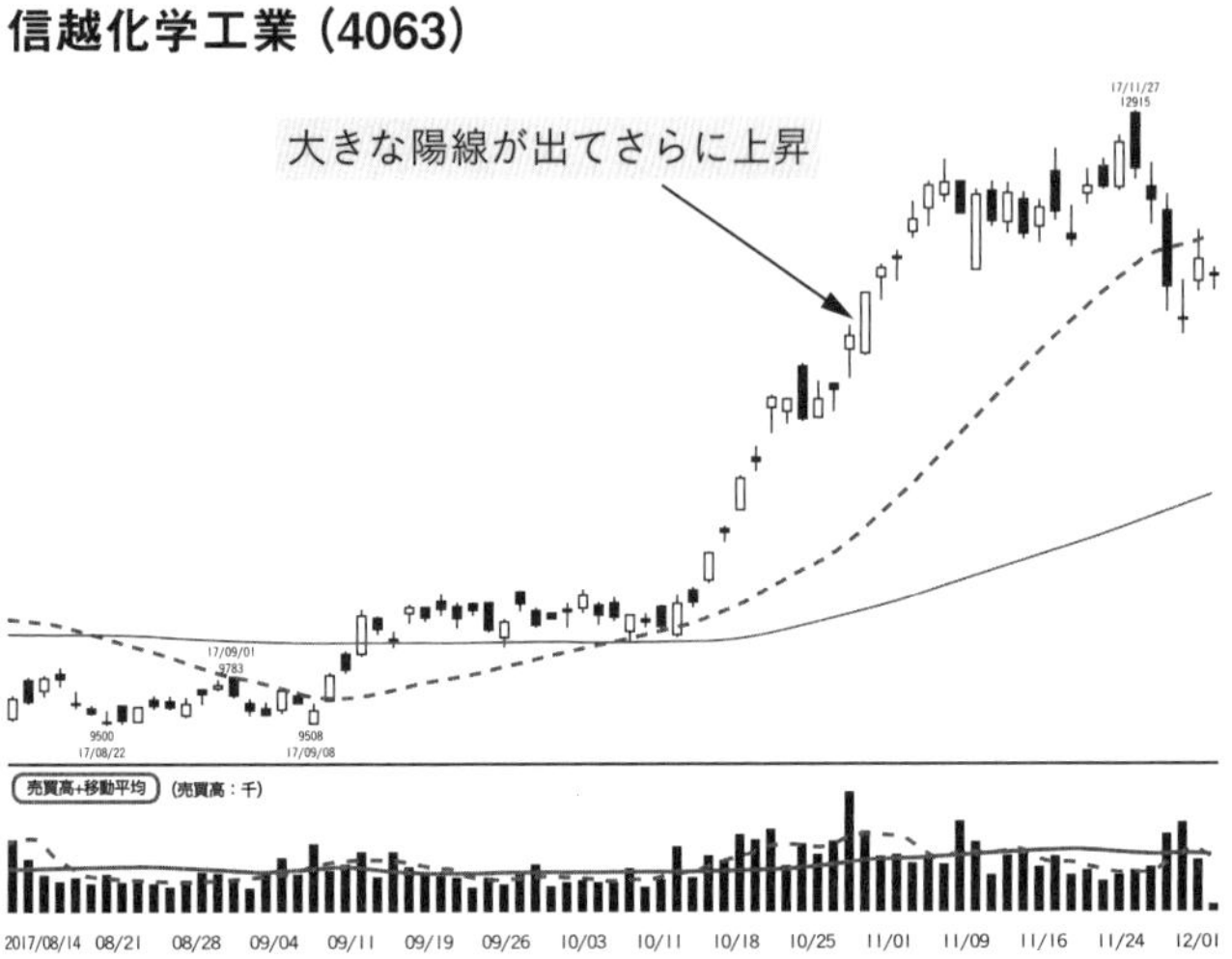

串カツ田中（3547）

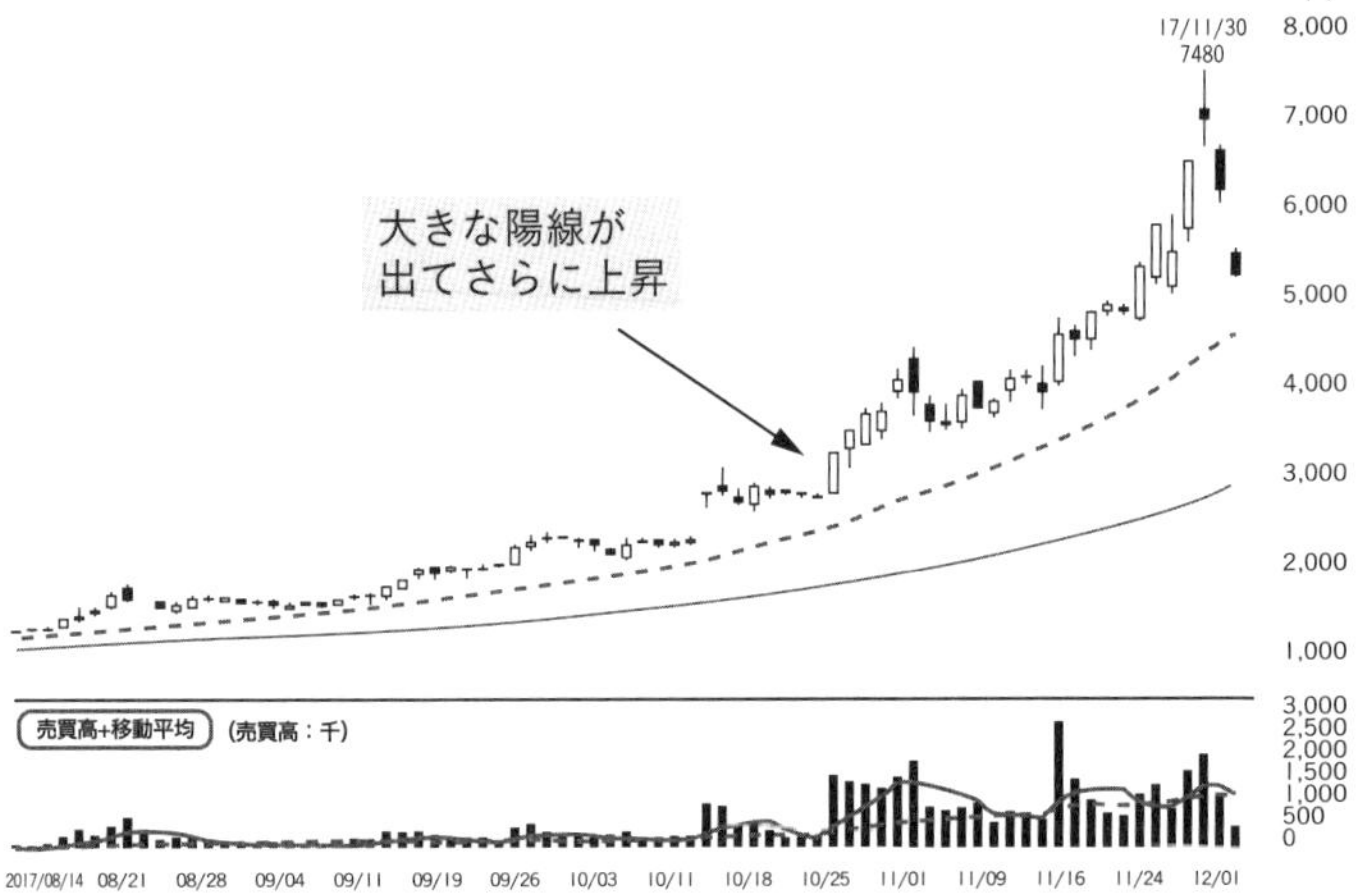

チャートも紹介したいと思います。

まずは、「高下とも長き足には乗がよし、短き足には乗らざるがよし」という句です。

こちらは、ローソク足そのものの話と言ってよいでしょう。「長き足」とは大陽線（長い陽線）です。長い陽線は通常、強い相場を表します。買いたい人が多いからどんどん値が上がっていくということです。一方、「短き足」つまり短い陽線が出るのはそれほど強くない相場のときです。つまり、「大陽線が出ているときには追撃買い（一度買った銘柄をさらに買い増すこと）のチャンスであり、陽線が短ければ（それほど相場が強くないので）控えたほうがいい」ということを言っているのです。

ただし、常に大陽線なら追撃買いが有効かというと、そうではありません。「付録」231ページの「包み足」でも説明していますが、十分に相場が上昇したところで、前日の足をすべて包み込むような形で出現した長い陽線は材料出尽くしや、最後の大きな買いを表し、そこからは上値が重くなる可能性が高いためです。相場がまだ上がり切っていないときという条件の中で、「長い陽線」に注目することが大切です。

94ページの信越化学工業と串カツ田中のチャートは、「長き足」の一例です。どちらも長い陽線の後に株価がさらに上昇していることがわかります。

続いて、「飛び下げはいつでも米に向かうべし、飛び上げならば米に従え」を取り上げます。

「飛び下げ」とは窓を空けて急落することで、逆に「飛び上げ」は窓を空けて急上昇することです。窓を空けるとは、ローソク足が前日のローソク足と重ならないほど、大きく下げた、あるいは上げた状態を指します。

この句の意味は、「窓を空けて急落するような相場では逆張りで買い向かうのがいいし、逆に、窓を空けて上昇しているなら順張りで買いを入れたほうがいい」という意味です。つまり、いずれにしろ買ったほうがいいということです。この句の意図するところは、大きく相場が動くときには常に買う方が有利であるということだと思います。

前半の大きく下げたときについては、売りたい人は大方売ったと見られることや、大きく下げたため空売りをしている人の買い戻しが入ると考えられることから、逆張り戦法で「買い」を選んだほうがいいということです。

一方、窓を空けて上昇するほど強い相場であれば、まだ上昇の勢いが続くと考えられるため、順張りで買ったほうがいいとしています。

この章の80ページでは「三空叩き込みに買い向かえ」という格言を紹介しています。三空の場合は、3回連続で窓を空けた状態ですが、今回は一度だけ窓を空けていると思えばよいでしょう。

ただし、「三空」とは異なり、一度窓を空けただけでは相場の転換になるとは限らず、同じ方向に進むことも多いため、「飛び下げはいつでも米に向かうべし」は必ずしも正解とは言えないかもしれません。また、窓を空けて下がるのは、何らかの悪材料が出たか全体相場が大きく崩れた場合がほとんどです。悪材料の内容によっては、さらに大きく売られる可能性があることも忘れてはいけません。

楽天 (4755)

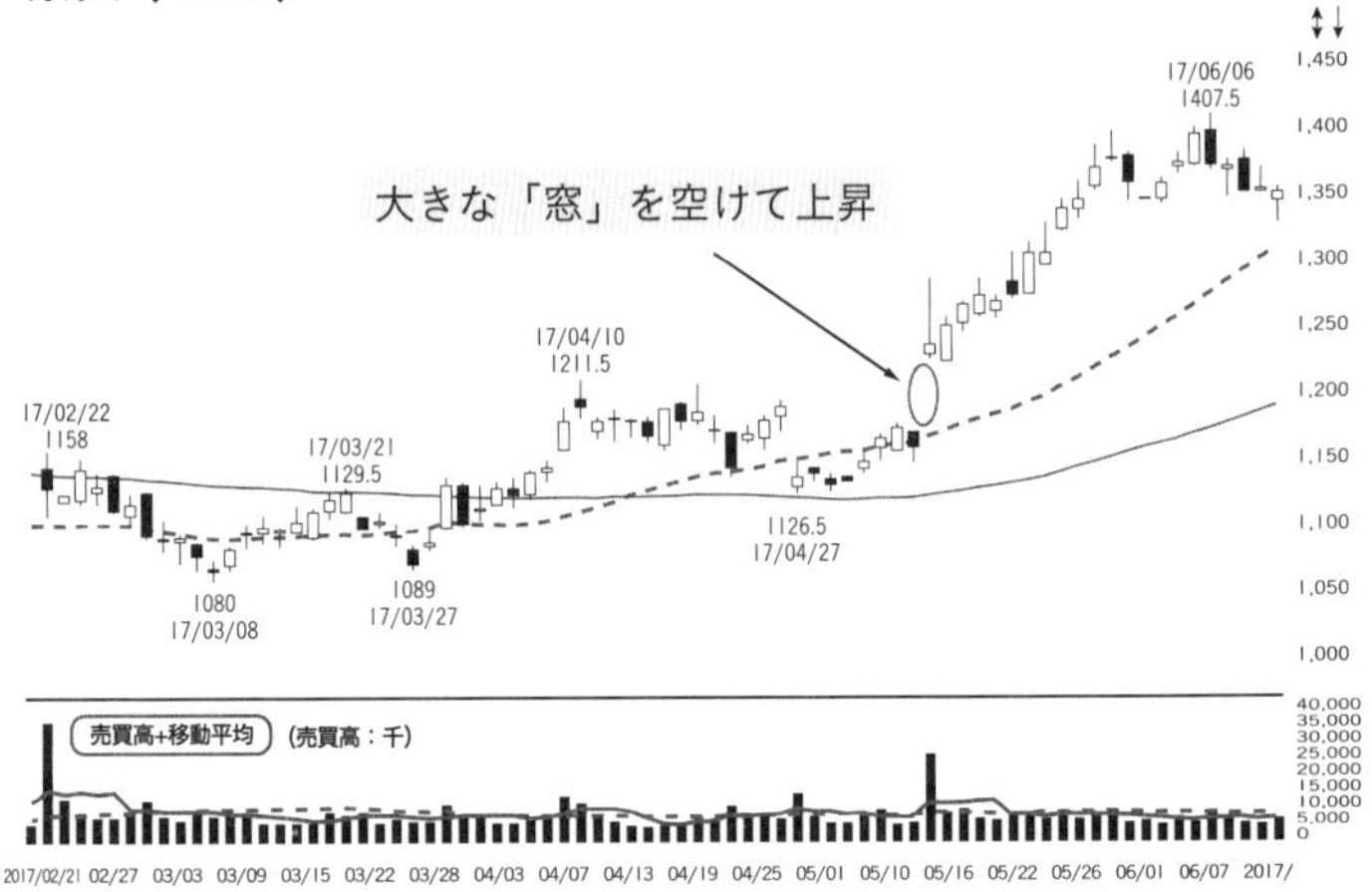

ファーストリテイリング (9983)

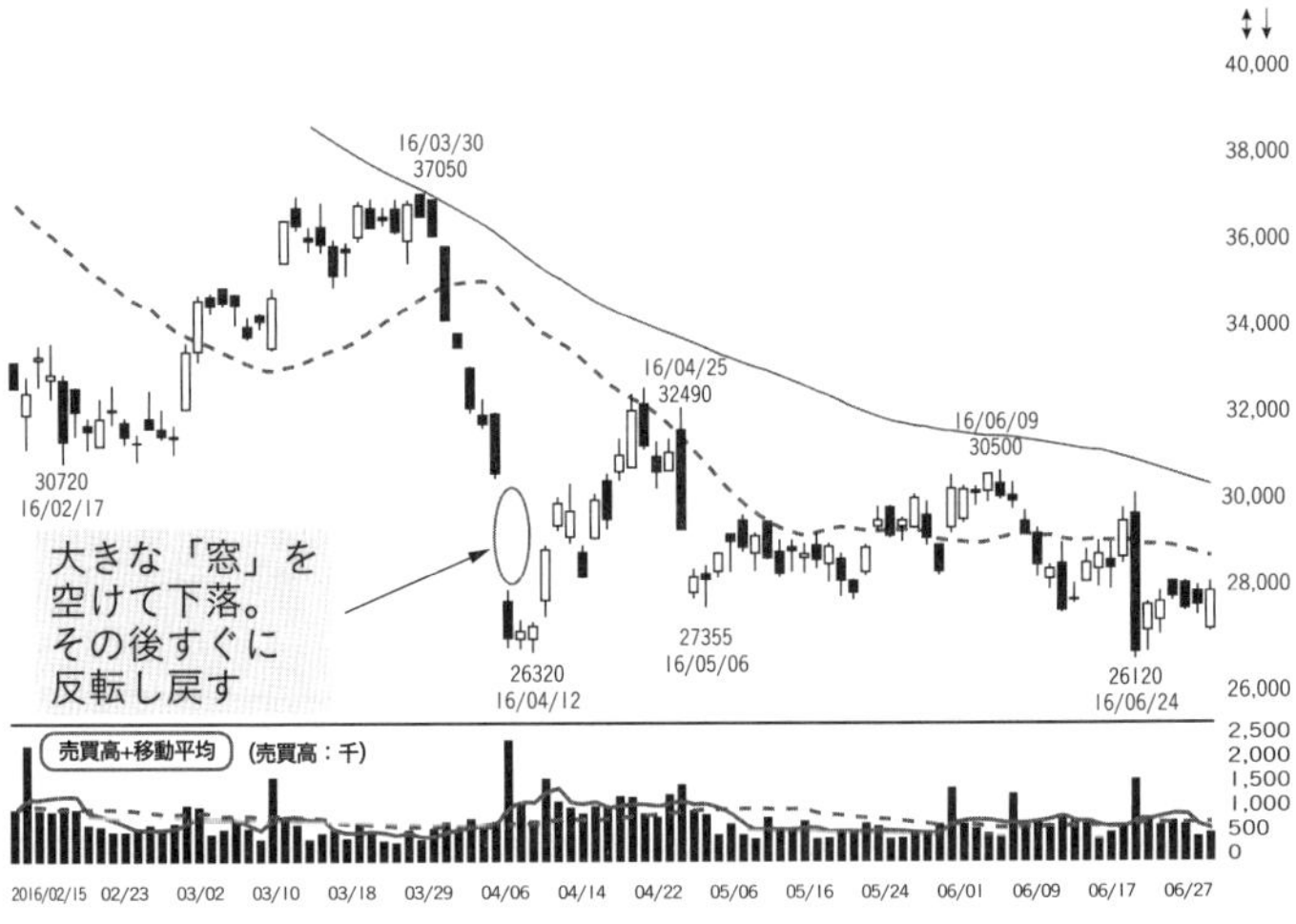

また、最近はデイトレードが盛んになり、少しでも利益が取れればすぐに手仕舞ってしまう超短期取引が増えたことから一概に買いが常に有利とは言えなくなってきています。ここでは、窓を空けて急騰した例と急落した例を、それぞれひとつずつ紹介しています。

最後は、直接ローソク足を説明しているわけではありませんが、ローソク足が目に浮かぶような句を取り上げます。

「分別も思案も要らぬ買旬は人の捨てたる米崩れなり」という句で、わかりやすくいえば「何も考えずに済む買いどきとは、皆が米を売り切ったところだ」となります。

「米を売り切った」とは、含み損がどれだけあってもとにかく売るしかない、というような投げ売りに近い状況でしょう。そして、そこまで売り物が出尽くしてしまえば、あとは難しいことを考えることなく買っていい、いわゆる「絶好の買い場」になるのです。

これをローソク足で考えてみましょう。じりじりと下げ続ける相場は、右肩下がりの陰線で表されます（間に陽線を挟むことはもちろんあります）。そして、これで最後とばかりに大量の売りが入って長い下ひげが出るのですが、もはや売り物がなくなり株価が戻り始め、最終的なローソク足は短い実体と長い下ひげで構成される「たくり足」になると考

JR西日本（9021）

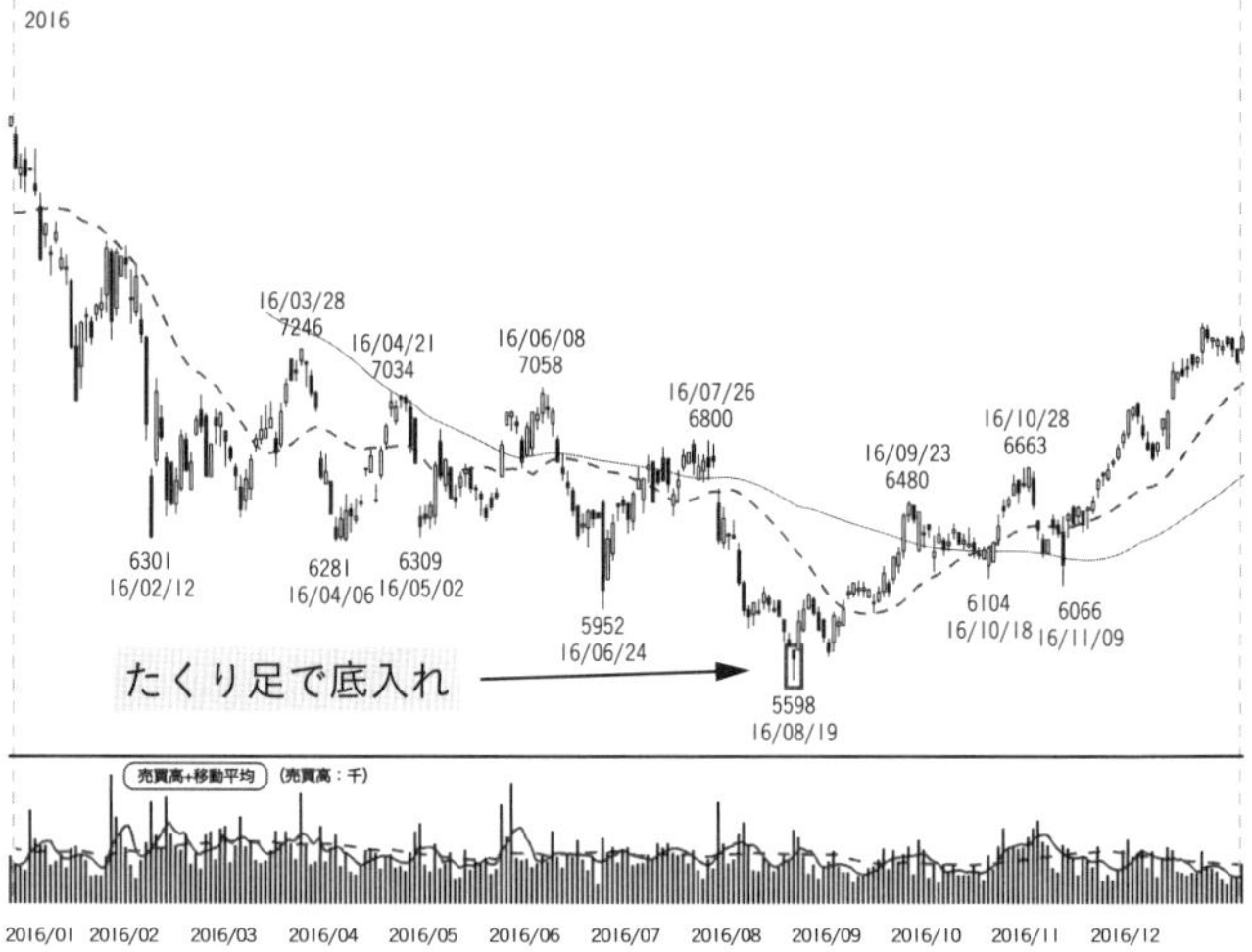

えられます。

特に陽線の「たくり足」が出来高を伴って出現したときは、一般的に「底値」と考えられるため、絶好の買い場だと言ってよいでしょう。

このように、ローソク足が表す意味を相場参加者の行動と共に考えると、より深くローソク足を理解することができ、買いタイミングを探る上でも大いに役立つと考えます。

「たくり足」が出現するチャートも頻繁に見かけますが、一例として２０１６年８月のＪＲ西日本を取り上げます。

買いのタイミングを逃したときには無理に買わない――

「買い遅るるときは唯買い場を待つべし」

本章の冒頭でも述べたとおり、今日本の株式市場には約4000銘柄が上場していま す。全体相場の環境にもよりますが、上昇基調のときには4000銘柄の中からこれから上がる銘柄を探すことはそれほど難しいことではないはずです。

にもかかわらず、個人投資家は今まさに大きく上がっている最中の銘柄にどうしても目が行きがちです。上がっているのを見て、急に「これはいい銘柄だ、ぜひ買わなくては」と思い始めるのではないでしょうか。

しかし、もともと注目していたわけではなく、大きく上がり始めてから慌てて「上がっているので買おう」という投資行動は、往々にして失敗します。その理由は、買いを入れるべきタイミングをすでに過ぎてしまっているからです。そのため、買ったところが最高値圏で、結局含み損を抱えてしまうということになりかねません。また、損をしないまでも、買値からの上げ幅がわずかに過ぎず、十分な利益を得られないかもしれません。

もちろん、上昇しているところに飛び乗って「いくらか利益を取ったら、すぐに飛び降りればいい」と考える人もいて、そういう投資家にとってはわずかでも利益があれば問題ないかもしれませんが、失敗する可能性も高いことを考えると効率的な投資とは言えないでしょう。

江戸の相場格言にも、買いタイミングを逃したときに取るべき行動について示したものがあります。それが「買い遅るるときは唯買い場を待つべし」で、現代語に訳すまでもありませんが、買い遅れたときには次の買い場を待ったほうがいいということです。

なお、この格言には前半部分があり、「買おうと思っているときに2割ほど急に上がってしまい、買い遅れたと売り方に回ることがあるが、甚だ間違いである」と述べられています。買い遅れて飛び乗るのもよくありませんし、ましてや「空売り（信用売り）」は言語道断というわけです（本書では信用取引で売りから入ることはおすすめしていません）。

繰り返しになりますが、買いタイミングを逸した銘柄を追いかけて、高値づかみになる可能性があるのにわざわざ買う必要はありません。ファンダメンタルズから見ても本当によい銘柄ならそのままウォッチし続けて、次の買いタイミングが訪れたところで、改めて

ロイヤルホールディングス（8179）

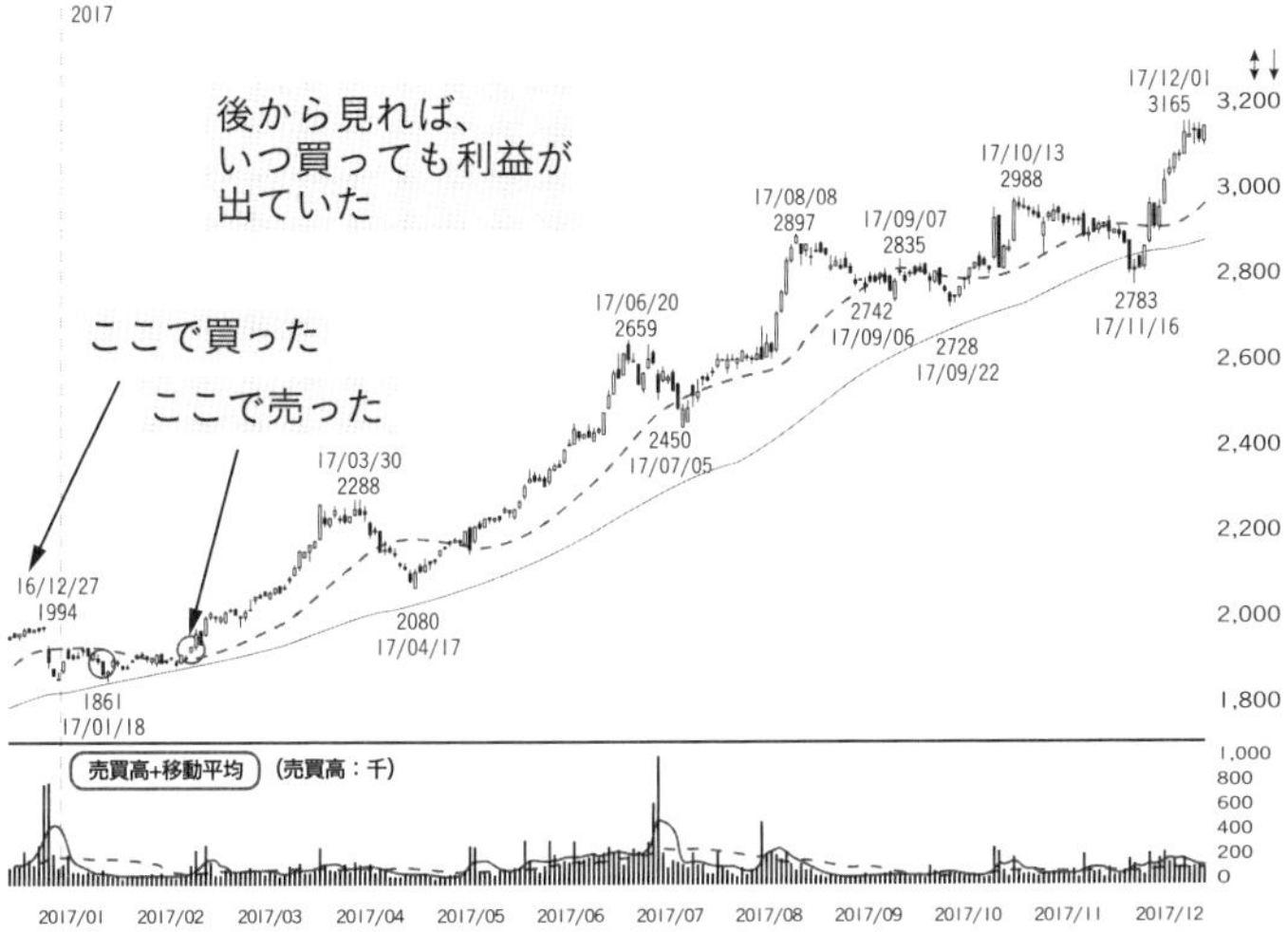

買いを入れればよいだけです。慌てずに、じっくり買いタイミングを探りましょう。

ところで、「いくらか利益を得たら、すぐに売る」つもりで飛び乗る人が、よくやりがちなパターンについて少し触れておきたいと思います。

まず、どこまで上値余地があるのかわからないので、すぐに利益確定して手仕舞いしようとデイトレードのつもりで買いを入れる。たとえば、今日1000円で買って今日のうちに1030円で売ってしまおうという感じです。ところが、990円に下がったので、その日は売らず明日1000円に戻ったところで売ろ

ソニー（6758）

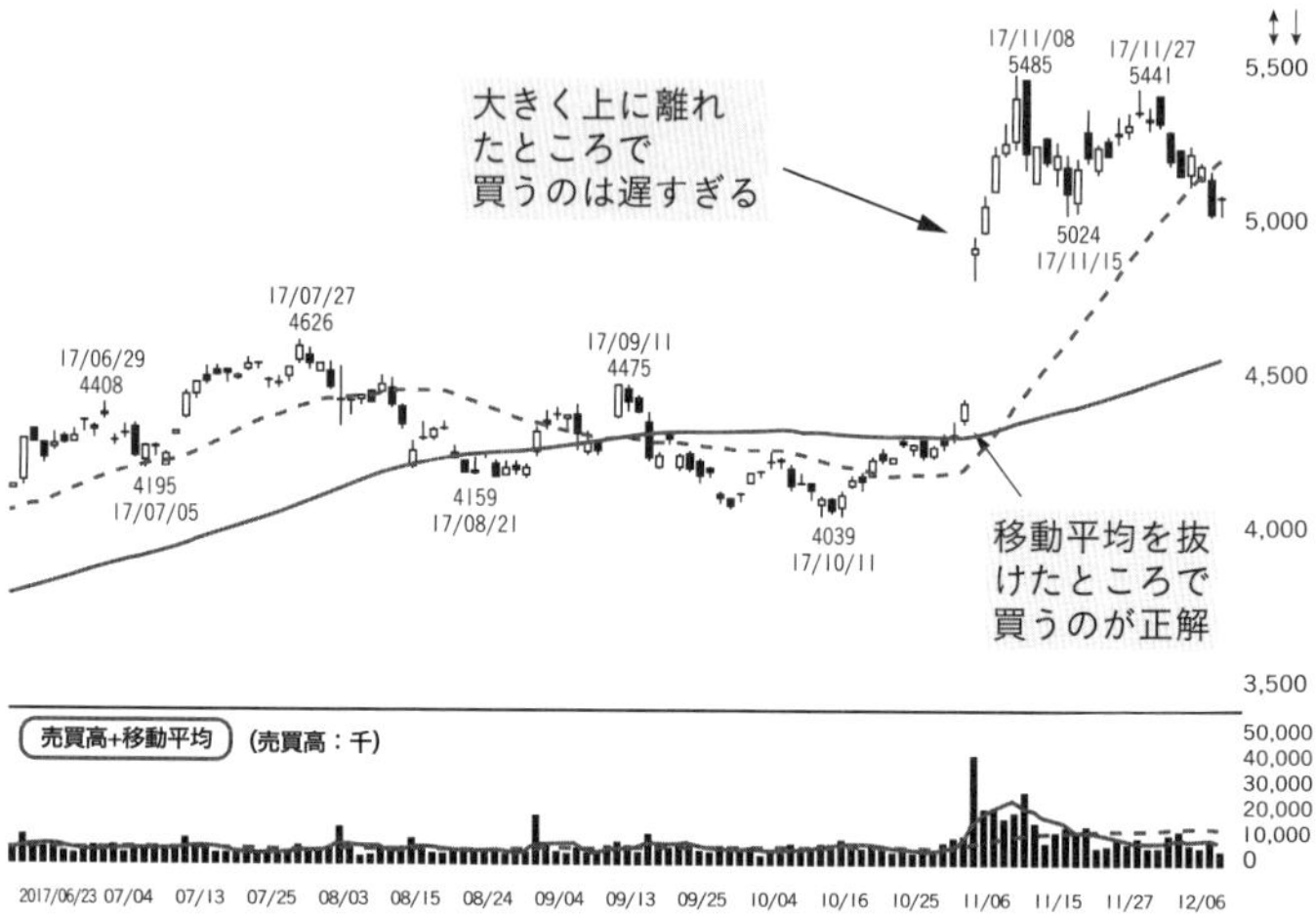

うと考えを変える。この時点で、投資スタンスがブレているのですが、いざ翌日１０００円に戻ると、１０２０円くらいまでは戻るんじゃないか、いくらかでも利益は取りたいと、売らずに上がるのを待ちます。

しかし、結局１０２０円までは戻らず、それどころか再び１０００円を割り込んでしまう。その次の日には、「今日こそは１０００円でトントンにして終わりたい」と思うものの、９９０円↓９８０円↓９５０円とジリジリ下げていって売れない。そうこうしているうちに、７００円台にまで下がってしまって、「ここまで下がったらすぐには売れ

パナソニック（6752）

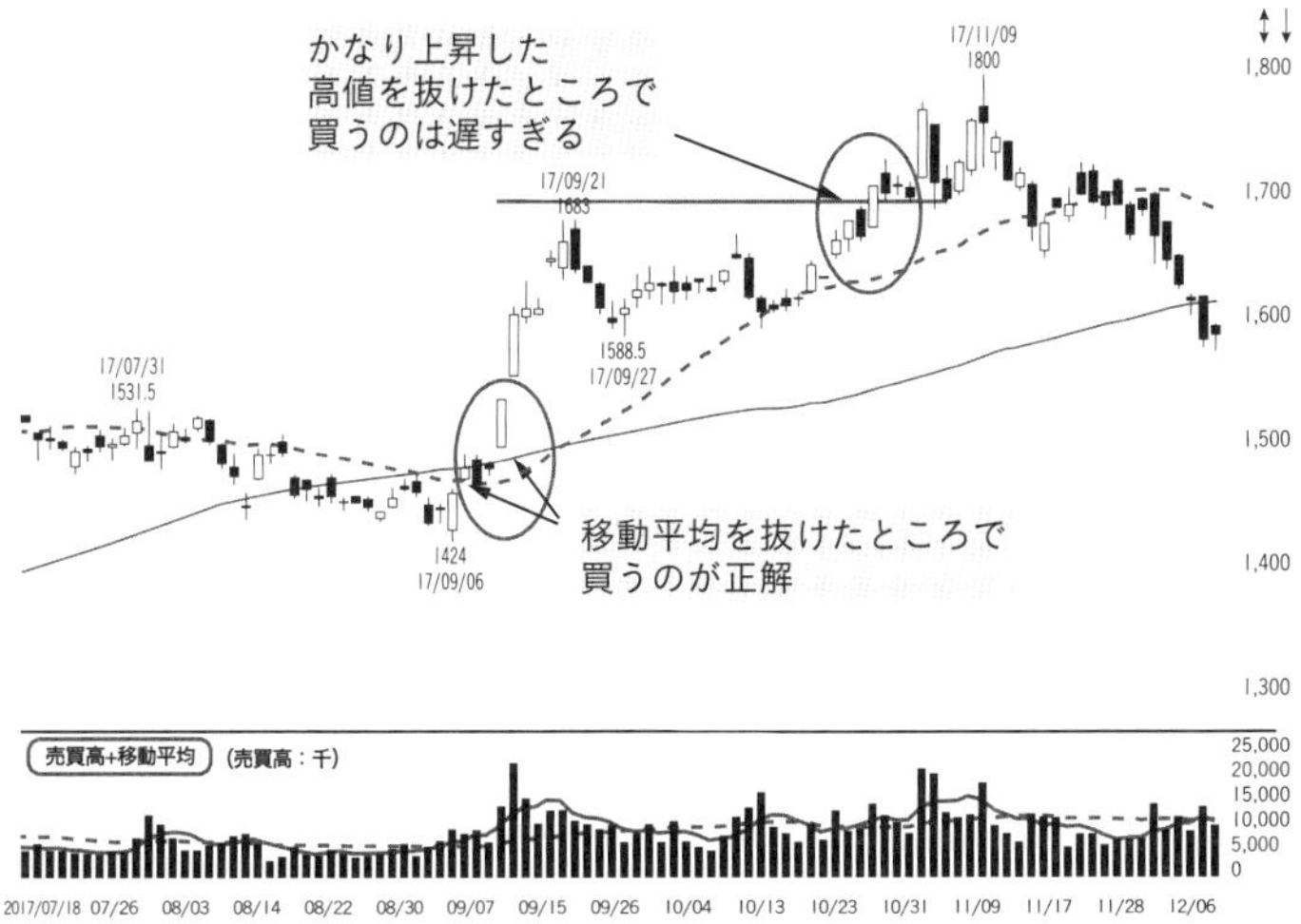

ないから」とデイトレードのつもりだったのに長期投資になって塩漬けにしてしまう……。

これを読んで「馬鹿だなあ」と笑えるならいいのですが、「自分にも経験がある」という人もいるのではないでしょうか。

なぜこんなことになったかというと、投資スタンスがブレていることも問題ですが、その前にそもそも買いタイミングが間違っているからです。買い遅れたためにすでに上値余地がなかったのに、「少しならいけるだろう」と安易に買ったことにより起こった事態です。もちろん、デイトレードのつもりで買ったなら、何があってもその日のうちに手仕舞うべきです。状況が変わったからと、投資スタンスがブレることはおすすめできません。

買いタイミングを逃した私の実際の取引例として挙げたいのが、ロイヤルホールディングスです。２０１６年12月に株主優待が欲しくて買ったのですが、権利を取ってすぐに売ってしまったのです。そして、その後、６月までに買っておこうと考えたのですが、なかなかチャンスがなく、結局買いそびれて現在に至っています。結果からみると25日移動平均線を下回る場面で買っておけばよかったということなのですが、25日移動平均線を割り込むと75日移動平均線まで下がるのではないかと思いながら、ついつい買いそびれた格好です。同様にソニーも「３０００円を割り込んだら買おう」と思っていて買いそびれ、パナソニックも「１１００円を割り込んだら買い場を探そう」と考えていたら、買いそびれました。

自分の都合で「押し目」を期待しない――
「押し目待ちに押し目なし」

どんな銘柄を買うのか、どんなタイミングで買うのかを考える際に、「押し目」に注目して買おうという個人投資家は少なくありません。押し目とは、株価が上昇トレンドにある中で一時的に下落するタイミングのことです。上昇している中での一時的な下落のため、押し目で買えれば利益が狙いやすくなります。

上がっている銘柄の押し目を狙って買う「押し目買い」を好む人が多い理由は、上昇傾向にあるので安心感があり、その中で一時的に下がっている（と見える）ので「少し安く買えた」といういわゆる「お得感」もあるためです。

ただ、安易に「押し目買い」を狙うと失敗する可能性が高いと、私は考えています。

その理由を説明する前に、まずひとつ相場格言を紹介しておきましょう。本間宗久や牛田権三郎の言葉ではありませんが、古くから「押し目待ちに押し目なし」という格言があります。これは、一般的には「押し目を待っていると上がってしまうから、押し目を待たずに買ったほうがいい」と解釈されています。

ちなみに、下落時には逆に「戻り待ちに戻りなし」という格言が使われます。下げているときに少しでも戻るのを待って売ろうとしていると、戻ることもなくそのまま下がっていくという意味です。こちらは、戻りを待たずに売るならサッサと売るべきだということを意味します。

「戻り待ちに〜」のほうは概ねそのとおりだと思いますが、「押し目待ちに押し目なし」の格言には実は別の意図がある、と私は考えています。その別の意図こそが、安易な押し目買いはやめたほうがいいという理由です。

それは、押し目に見えて押し目ではないケースが多い、ということです。押し目だと思っていたら下落の始まりで、安く買えてよかったと思っていたら結局損をしてしまった、そんなケースが非常によくあるのです。そのため、この格言にはそもそも押し目を待つな、押し目など探すなという、戒めの意味が込められているのではないかと思うのです。

もちろん、本当に一時的な下落でそこから上昇していくこともあります。特に、相場全体の一時的な下げに引っ張られての下落であれば、押し目である可能性もあります。ただ、どちらなのかわからないのであれば、あえて押し目を狙う必要はないでしょう。

もし、押し目で買おうというのであれば、チャートや移動平均線との関係から上昇の余地があるのか、材料出尽くしでここがピークではないかなど、総合的に判断した上でそれでも「押し目だ」と言えるときにのみ買いを入れたほうがよいと考えます。

ここでは、一見「押し目」に思われて、そこが下落の始まりだったという銘柄の例2017年の村田製作所のチャートを見てみましょう（次のページ参照）。

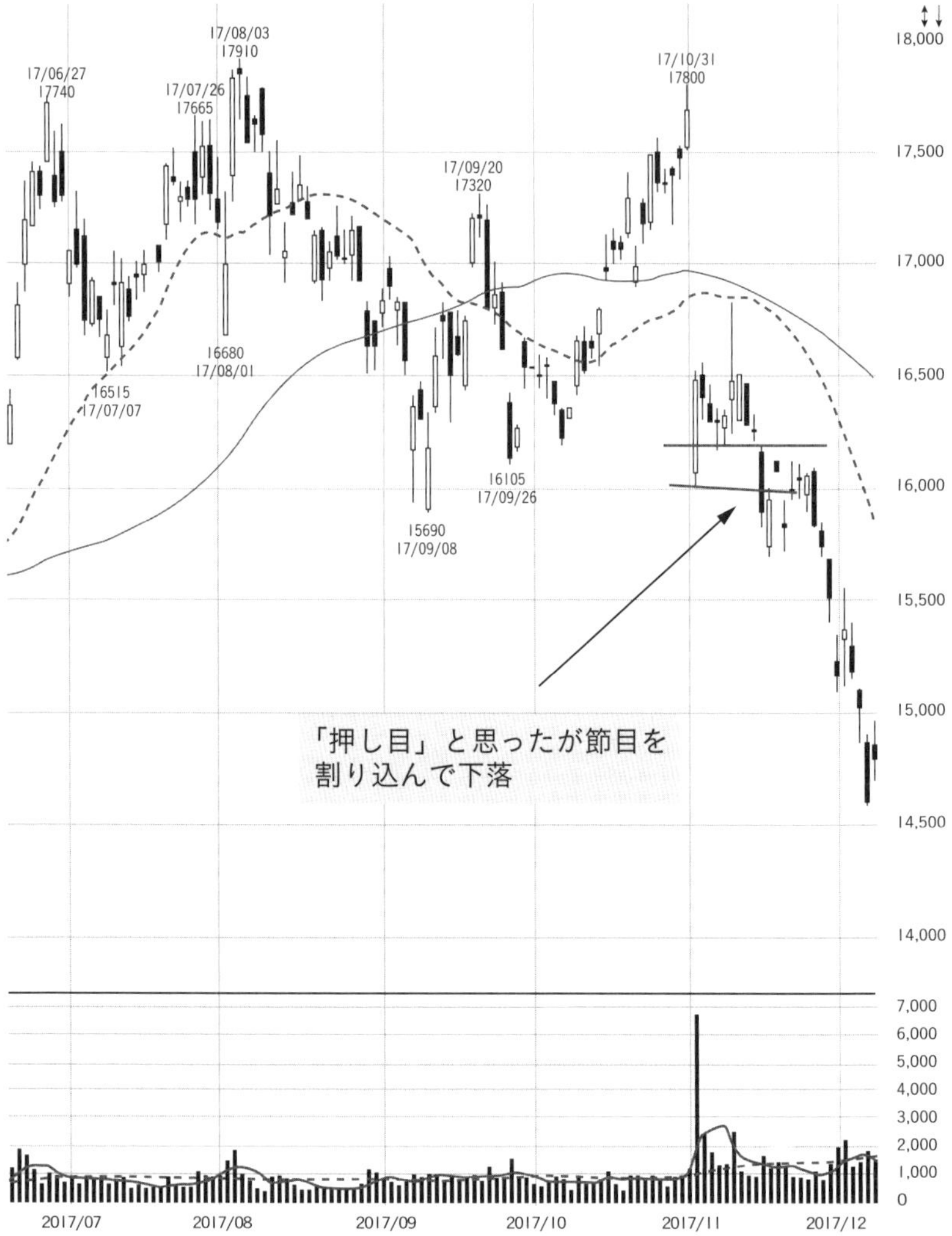
17/06/27
17740
17/07/26
17665
17/08/03
17910
16680
17/08/01
16515
17/07/07
17/09/20
17320
15690
17/09/08
16105
17/09/26
17/10/31
17800
「押し目」と思ったが節目を
割り込んで下落
18,000
17,500
17,000
16,500
16,000
15,500
15,000
14,500
14,000
7,000
6,000
5,000
4,000
3,000
2,000
1,000
0
2017/07
2017/08
2017/09
2017/10
2017/11
2017/12

村田製作所（6981）

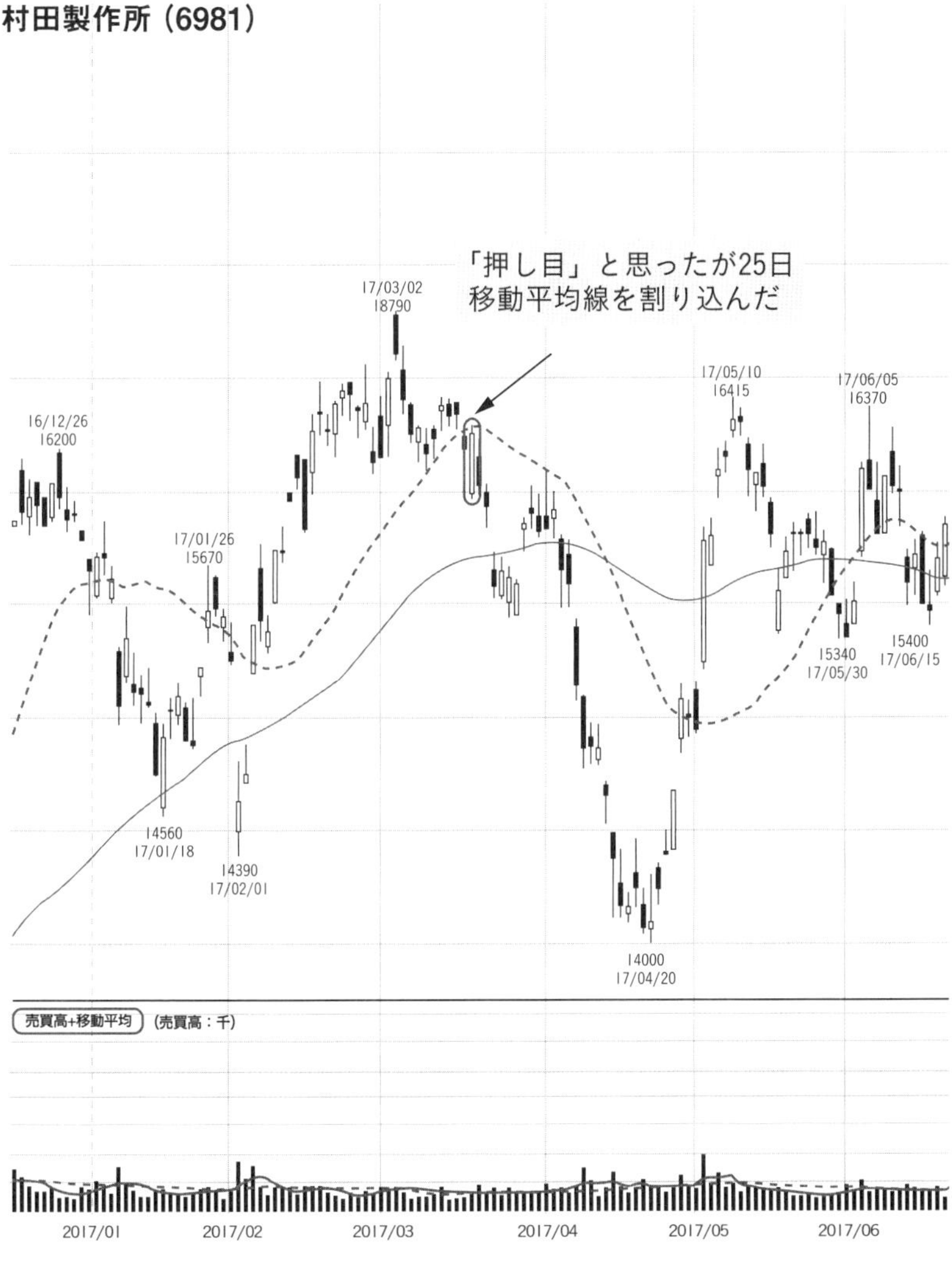
「押し目」と思ったが25日
移動平均線を割り込んだ
17/03/02
18790
16/12/26
16200
17/01/26
15670
17/05/10
16415
17/06/05
16370
14560
17/01/18
14390
17/02/01
14000
17/04/20
15340
17/05/30
15400
17/06/15
売買高+移動平均
(売買高：千)
2017/01
2017/02
2017/03
2017/04
2017/05
2017/06

移動平均線を下に離れすぎたときは、買いタイミングの可能性が高い——

「三割の高下に向かう商いは金の湧き出る泉とは知れ」

本章では主に「下がり切ったところで買うのが安心できる」という説明をしてきました。ただ、常に底値を狙った取引だけが有効というわけではありません。ほかにも、買いタイミングを見極めるサインはいくつもあり、その中で投資初心者や初級者にも比較的わかりやすいもののひとつが、移動平均線と株価との関係に注目する方法です。

たとえば、株価と移動平均線が離れすぎていて、株価のほうが上にある場合は相場がそろそろ天井を付けるので売ったほうがいい、逆に株価が移動平均線より下にあればここから反発に向かうだろう、というサインになります。これを数値化したものが「移動平均乖離率」で、銘柄にもよりますが、移動平均乖離率がマイナス５％程度を下回るとそろそろ反発するので買いのタイミングになると言われています。

なぜこのようなことが言われるかというと、移動平均線と株価が離れ過ぎているときは、移動平均線のほうに株価が収束されるという相場の経験則があるためです。

江戸の相場格言にも、このことをイメージさせるものがあります。「三割の高下に向かう商いは金の湧き出る泉とは知れ」で、「底値から三割上がった相場では空売りをして、高値から三割下がった相場は買いで臨めば、必ずうまくいくはずだ」という意味です。単に、「下がったものは上がり、上がったものは下がる」と言っているとも考えられますが、移動平均乖離率を組み合わせると、より具体的にイメージが湧くのではないでしょうか。

気を付けたいのは「三割」という数字ですが、この格言を記した牛田権三郎は別のところでは「五分の高下」とも言っていますので、「三割」の部分はあまり気にする必要はないと思います。

なお、本書の最後にある「付録」では、移動平均線と株価の関係から売買のタイミングを探る「グランビルの法則」についても説明しています。こちらも参照してください。

移動平均線との乖離から買いタイミングを探った例はいくらでも挙げることが可能ですが、ここではブリヂストンと新日鐵住金を取り上げたいと思います。

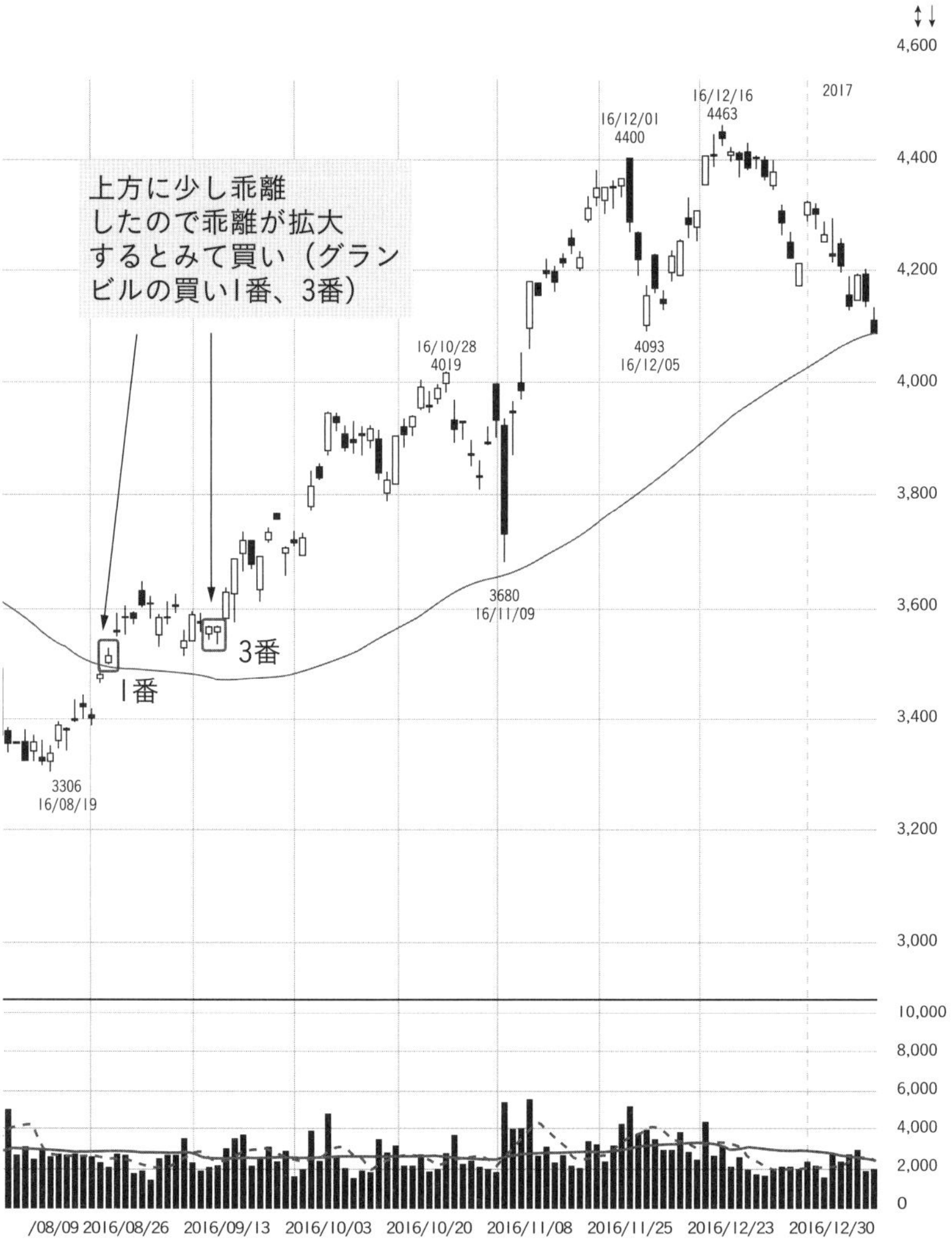

上方に少し乖離
したので乖離が拡大
するとみて買い（グラン
ビルの買い1番、3番）
1番
3番
3306
16/08/19
16/10/28
4019
3680
16/11/09
16/12/01
4400
4093
16/12/05
16/12/16
4463
2017
4,600
4,400
4,200
4,000
3,800
3,600
3,400
3,200
3,000
10,000
8,000
6,000
4,000
2,000
0
/08/09
2016/08/26
2016/09/13
2016/10/03
2016/10/20
2016/11/08
2016/11/25
2016/12/23
2016/12/30

ブリヂストン (5108)

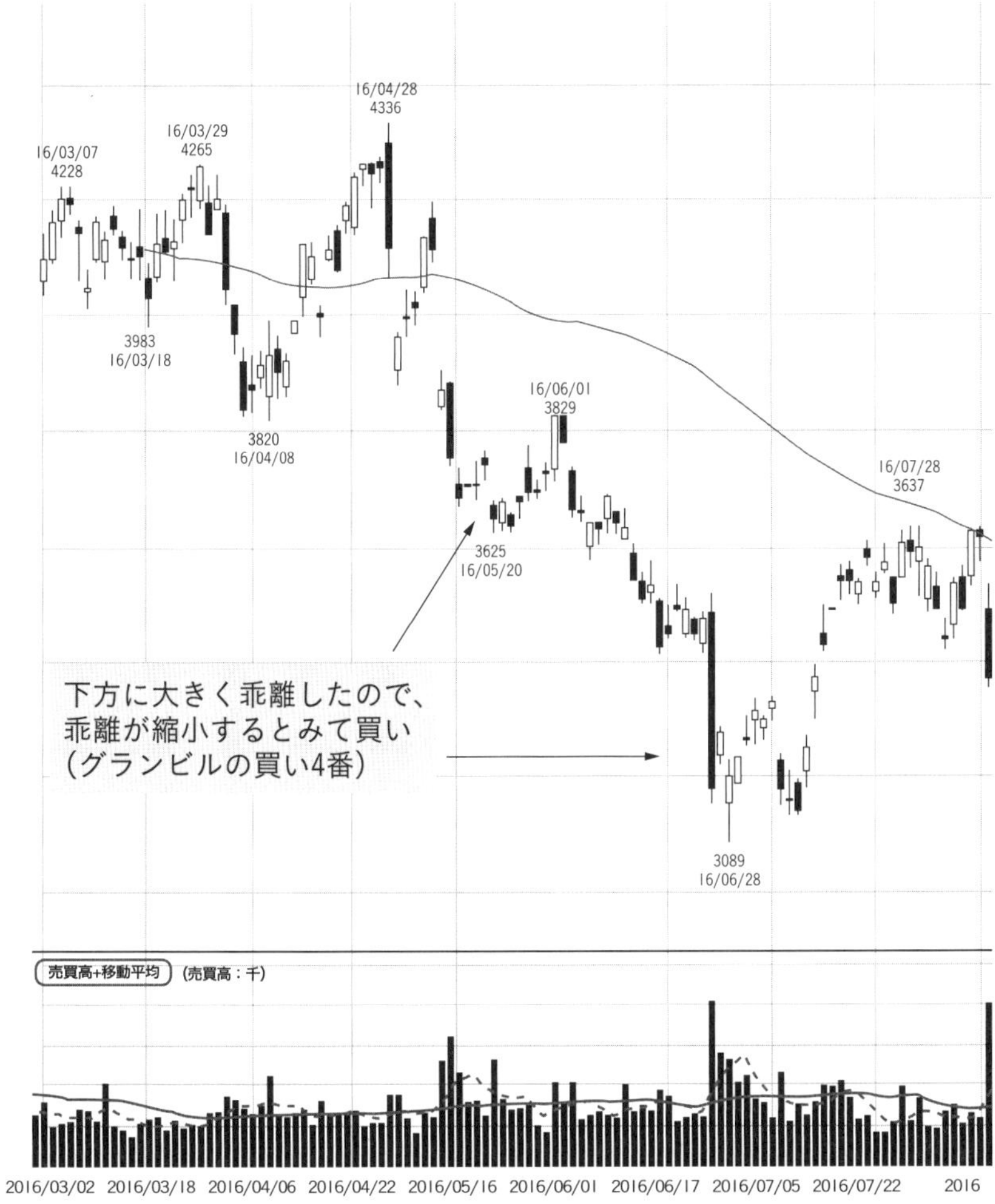
16/03/07
4228
16/03/29
4265
16/04/28
4336
3983
16/03/18
3820
16/04/08
16/06/01
3829
3625
16/05/20
16/07/28
3637
3089
16/06/28
下方に大きく乖離したので、
乖離が縮小するとみて買い
(グランビルの買い4番)
売買高+移動平均
(売買高：千)
2016/03/02
2016/03/18
2016/04/06
2016/04/22
2016/05/16
2016/06/01
2016/06/17
2016/07/05
2016/07/22
2016

3,000
2,900
2,800
2,700
2,600
2,500
2,400
2,300
17/08/10
2808
17/07/31
2724.1
2687
7/08/01
17/09/19
2725
2515
17/08/24
17/10/25
2817
2536
17/10/13
2509
17/11/28
12,000
10,000
8,000
6,000
4,000
2,000
0
2017/08
2017/09
2017/10
2017/11
2017/12

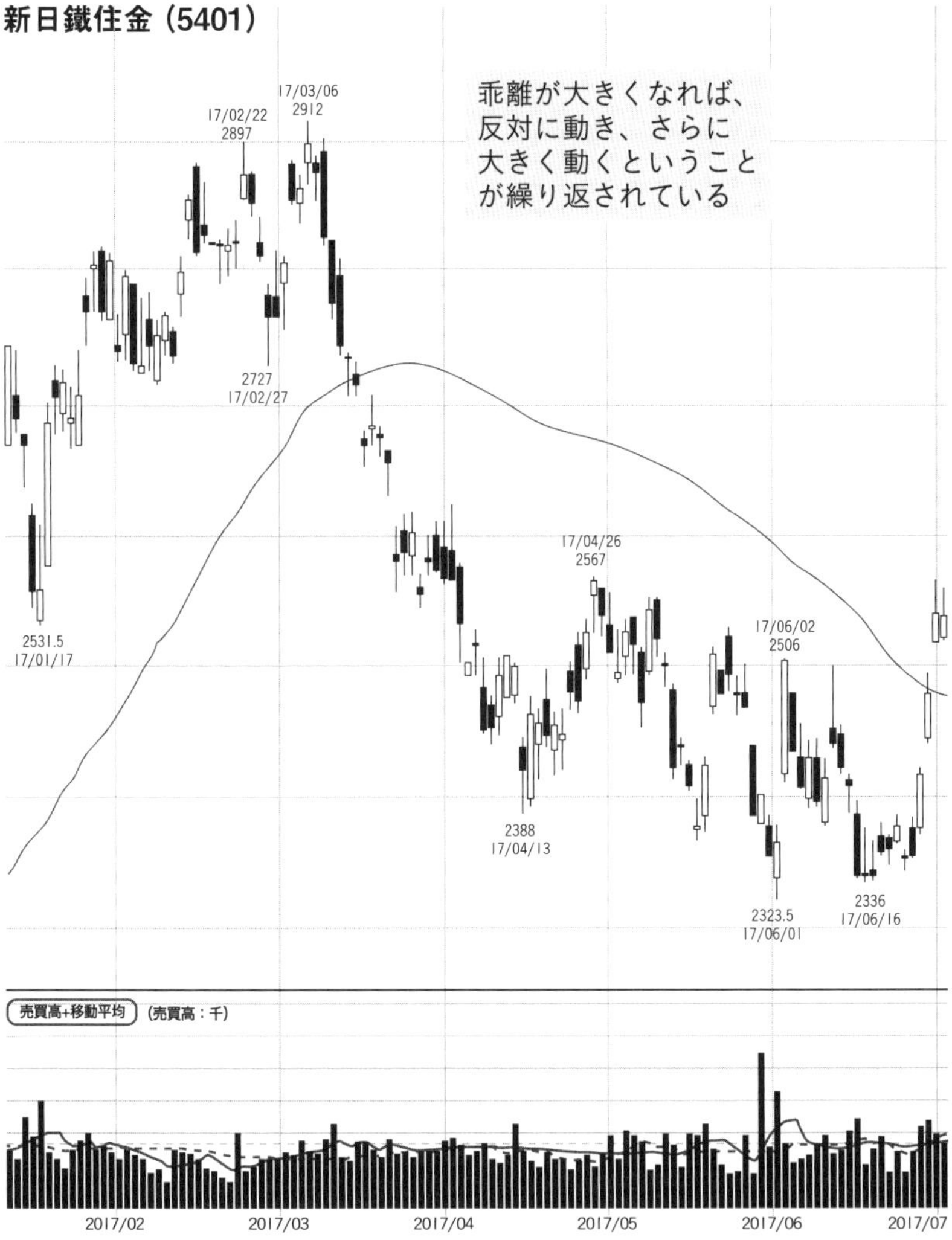
新日鐵住金（5401）
乖離が大きくなれば、
反対に動き、さらに
大きく動くということ
が繰り返されている
17/03/06
2912
17/02/22
2897
2727
17/02/27
2531.5
17/01/17
17/04/26
2567
2388
17/04/13
17/06/02
2506
2323.5
17/06/01
2336
17/06/16
売買高+移動平均
（売買高：千）
2017/02
2017/03
2017/04
2017/05
2017/06
2017/07

第3章

二割値上がれば十中八九、下落する——
天井を見極めて利益を確定させる「売り」の秘訣

「売り」を極めることが株式投資を成功に導く

「売り」も、基本的には「買い」と同じように考えて行動します。つまり、しっかり売るタイミングを見極めて、「売る根拠」があるときには含み益・含み損いずれの状態であっても躊躇なく売るのが大切ということです。

ただ、「買い」とは違う点もあります。「買い」の場合は、慎重に買い場を探して最終的に「買わない」という選択肢もありますが、「売り」の場合はすでに保有しているためいつかは必ず売ることになります。根拠もなく、「いつまでも売らないで持ち続ける」という選択肢はあり得ません。

買ったものを売ることとは、リスク回避のために非常に重要です。この場合のリスクとは、含み益が減ってしまうこと、あるいは含み損が拡大することを指します。売ってしまえば、そこから含み益が減ることもありませんし（増える可能性もなくなりますが）、含み損を抱えている場合にも損失が増えていくことはなくなります。

非常によく聞く「売り」の相場格言に、「利食い千人力」や「見切り千両」がありますが、どちらの相場格言も売ることを肯定しています。利食いでも損切りでも、ぐずぐずせずにさっさと売ることは常に正解なのです。

とは言え、ただ何も考えずに適当なタイミングで売るだけでは、大きな利益は見込めません。売りに関する相場格言には「利は伸ばせ」というものもあります。上昇した株価がいつ下落に転じるのか、下落するところをしっかり見定めて売ることも大切なのです。そのためには、ローソク足や移動平均線などから「売りの形」を何パターンか覚えておくとよいでしょう。

特に、「売りの形」の背景にある相場参加者の心理は常に意識しておいて欲しいと思います。

「売り」を上手にできることこそが、株式投資の成功につながると私は考えます。本章では、「売り」に関わる心理的な側面について考えると共に、「売り」の具体的なタイミングの図り方を相場格言を用いながら見ていきたいと思います。

ところで、江戸の米相場は先物取引が主流だったため、「売り」から入る取引も一般的に行われていました。そのため、「売り」に関わる格言では、買ったものを手仕舞いするための「売り」ではなく、空売りを指したものが多くあります。たとえば、本章で紹介する「順鞘は売り」という相場格言の「売り」は、本来は手仕舞い売りではなく空売りのことです（ただし、本章では手仕舞い売りの話として説明しています）。

現在の株式相場でも、信用取引を利用することで「空売り」が可能です。ただ私の考えとしては、本書では信用取引、特に空売りはおすすめしません。

なぜなら、必要がないと思うからです。信用取引は確かに手持ちの資金以上の取引ができるという利点はありますが、思惑通りに株価が動かなければ大きな含み損を抱えることになってしまいます。

特に、空売りの場合は、損失が青天井に膨らむ可能性があります。１００円の株を買って下がった場合、最大でも損失は１００円ですが、１００円で空売りして、その後５００円まで上昇すれば４００円の損、１０００円まで上がれば９００円も損をすることになるからです。さらに、どこまで上がるかはわかりません。

「でも、下げ相場は売りから入らないと儲からないから」と言う人もいますが、そんなことはありません。

どんなに下げている相場でも、上がる銘柄は少数ながらあるものです。無理に「ここからもっと下がる銘柄」を空売りするよりは、そうした上がる銘柄を探していけばいいのです。

もっといえば、相場全体が下げている途中でわざわざ「何か取引しなくては」と考える必要はありません。いつ何どきでも少しでもいいから利益を得たいと思うことこそ、江戸の相場格言で強く戒めている「焦り」だからです。

利食いでも損切りでも、「売る」ことは基本的に正しい――

「利食い千人力」「見切り千両」

本章の冒頭でも説明したとおり、売りに関する相場格言で最も知られているものは「利食い千人力」と「見切り千両」ではないかと思います。前者は「とりあえず、利益を確保することが重要」という意味で、利益が出ているときに使います。

また後者は、「損切りであっても千両に値する」ということで、含み損を抱えているときによく使う表現です。

つまり、利食いであっても損切りであっても、とにかく売って利益や損失の金額を確定させることが大切だということです。

私自身、株の学校の生徒には、「利益確定はいつでも正解だし、損切りもまた正解ですよ」と日頃からよく言っています。

ただし、なんでもいいからとにかく急いで売ったほうがいい、ということではありません。あくまで、チャートの形や移動平均線と株価の位置、その他の材料など総合的に判断して、売る根拠があったときには速やかに売るべきだ、という意味です。

いちばんいけないのは、持っている根拠がなくなっているのに持ち続けることです。特に含み損の状態だと、何の根拠もないのに「明日は戻るだろう」と考えがちです。確かに、明日になれば株価は上昇して含み損は解消、あるいは減少するかもしれません。しかし、その可能性があったとしても、持ち続ける根拠がもうないのであれば、とりあえず損を出してしまったほうがよいのです。

過去の経験則に照らしても、含み損になっているときにはさっさと売ったほうが正解というケースが多いと感じています。そのタイミングで損切りができなければ、結局「売るに売れない」ところまで下がって、塩漬け状態にしてしまうことになりかねません。

２０１２年12月からのアベノミクスで全体的に株価が大きく上昇したので、株の学校の生徒からも以前ほど「塩漬け株に困っている」という話は聞かなくなりました。とは言え、今も含み損を解消できずに塩漬け株を抱えている人もいるのではないかと思います。

米相場の格言ではありませんが、塩漬け株を解消するのに覚えておきたい言葉があります。それは、「買値を忘れる」です。

いくらで買ったのか、今ここで売るといくらの損失が確定するのか。その金額にとらわれていると、なかなか損切りができないものです。

そこで発想を転換します。買値のことを考えずに、「今売ったら（損切りしたら）、いくらの現金が手に入るのか」と考えるのです。

たとえば、もともと300万円で購入した株が、100万円の含み損になっているという場合。「今売ったら100万円の損が確定する」ではなく、「今売ったら200万円の現金が自由に使えるようになる」と考えます。

自由に動かせるお金が急に200万円入るとなったら、その先の選択肢は非常に多くなります。後は、時間をかけてその200万円を元の300万円に、そしてそれ以上に増やしていけばいいだけです。

ただ、再び含み損になって損切りする……というのを繰り返してしまうと、資金はどんどん減っていきます。だからこそ、次の取引では、買いの根拠がある「買い場」で買うことを徹底する必要があるでしょう。

ちなみに、「買値から○パーセント下落したら損切り」という考え方がありますが、私はあまり意味がないと考えています。「○パーセント」の数字には何の根拠もないからです。また買ったときの株価の位置が押し目なのか、底値だったのかによっても損切の考え方は違ってきます。

あくまで、「売る根拠、理由があるから、含み損であっても売るのだ」と考えたほうがよいでしょう。

ここでは、「見切り千両」の例として、15年11月下旬からのNECのチャート、また2章でも取り上げた新日鐵住金のチャートを取り上げます。また、ご自身が実際に「うまく損切りができなかった」という銘柄があれば、そのときのチャートを見て、どこで見切るべきだったかを考えるのもよいのではないかと思います。

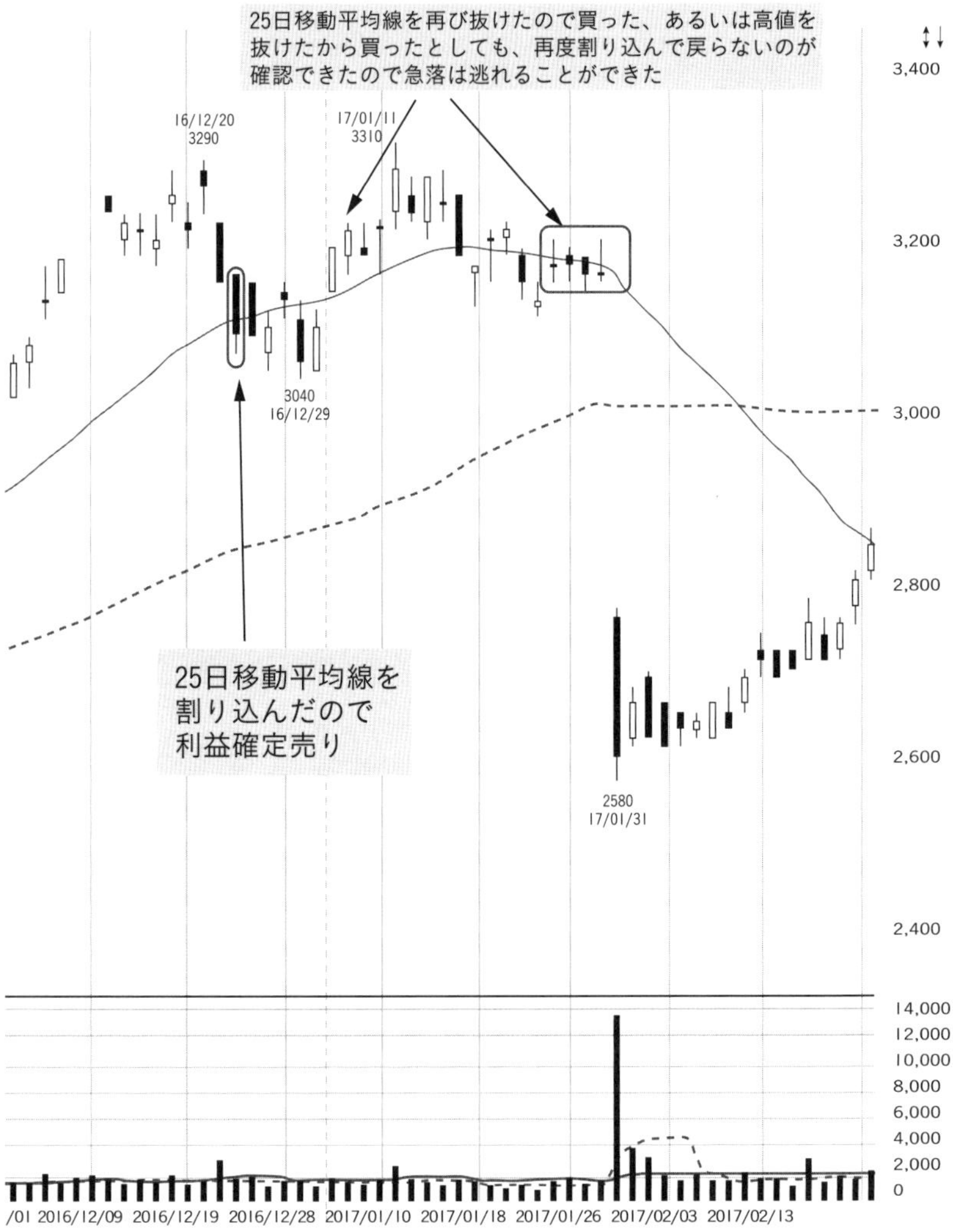

25日移動平均線を再び抜けたので買った、あるいは高値を抜けたから買ったとしても、再度割り込んで戻らないのが確認できたので急落は逃れることができた
16/12/20
3290
17/01/11
3310
3040
16/12/29
25日移動平均線を割り込んだので利益確定売り
2580
17/01/31
3,400
3,200
3,000
2,800
2,600
2,400
14,000
12,000
10,000
8,000
6,000
4,000
2,000
0
/01
2016/12/09
2016/12/19
2016/12/28
2017/01/10
2017/01/18
2017/01/26
2017/02/03
2017/02/13

NEC（6701）

25日、75日移動平均線のサポートを
確認して保ち合いを抜けた
ところで買い
2510
16/09/15
売買高+移動平均
(売買高：千)
2016/09/09
2016/09/20
2016/09/29
2016/10/07
2016/10/18
2016/10/26
2016/11/04
2016/11/14
2016/11/22
2016/12

17/09/19
2725
17/10/25
2817
2536
17/10/13
2,900
2,800
2,700
2,600
2,500
2,400
2,300
10,000
8,000
6,000
4,000
2,000
0
2017/09/01
2017/09/12
2017/09/22
2017/10/03
2017/10/13
2017/10/24
2017/11/02
2017/11/14
2017/11/24

新日鐵住金（5401）

17/08/10
2808
17/07/31
2724
2687
17/08/01
17/06/02
2506
買い
2515
17/08/24
良いところで買っても、
利食いをしないと再び
下落してしまう
2323.5
17/06/01
2336
17/06/16
売買高+移動平均
(売買高：千)
2017/06/02
2017/06/13
2017/06/22
2017/07/03
2017/07/12
2017/07/24
2017/08/02
2017/08/14
2017/08/23

「売り」で成功するには、決断力が重要になる――

「売りが出来る人は玄人だ」「頭と尻尾はくれてやれ」

「売りが出来る人は玄人だ」という相場格言があります。この格言の「売り」も先物取引の売建つまり空売りのことです。「売り」自体は誰でもできますが、大きな損失を抱える可能性のある売建で儲けることができればプロだ、という意味です。

この格言で何を言おうとしているのかを私なりに解釈すると、要するに「さっさと売って、さっさと決断ができるのがプロ」ということではないかと思います。繰り返しになりますが、空売りの損失はどこまでも膨らむため、早めに決断ができなければ儲けるのは難しいのです。

そして、早く決断できる――つまり決断力は、空売りではなく現物株の手仕舞い売りでも非常に重要です。相場でうまく立ち回れている人は、ここがロスカットラインだというところでは、含み損があってもさっさと売却してしまいます。また、決断ができる人は「市場の想定を超えた上昇相場が続く」といった「ちょっと相場の動きが怪しい」というときにも、躊躇なく持ち株を手放すことができます。実際、「なんかおかしい、怪しい」から相場が急落することは少なくありません。

たとえば、アベノミクスに加えて日銀黒田総裁のいわゆる「黒田バズーカ」で相場全体が急ピッチに上昇した2013年5月。23日に高値を付けた後、そこから一気に1400円以上の急落となり、6月半ばまでは下落が続きました。しかし、急ピッチで上昇しているときに「これは上昇スピードが速すぎる」と考えて、一旦売ってしまうことを決断していれば、急落時には逆に絶好の買い場となったはずです。

また、決断力と同時に「諦め力」のようなものも必要でしょう。「売った後に上がったらどうしよう」と考えるとなかなか売れませんが、そこを「諦めて」決断するということです。江戸の相場格言ではありませんが、「頭と尻尾はくれてやれ」という有名な格言があります。最安値で買って最高値で売ることを狙ってもうまくいかないという意味ですが、この格言も売りに関していえば最高値で売ろうとしない、最高値は諦めたほうがいい、と言っているとも取れます。

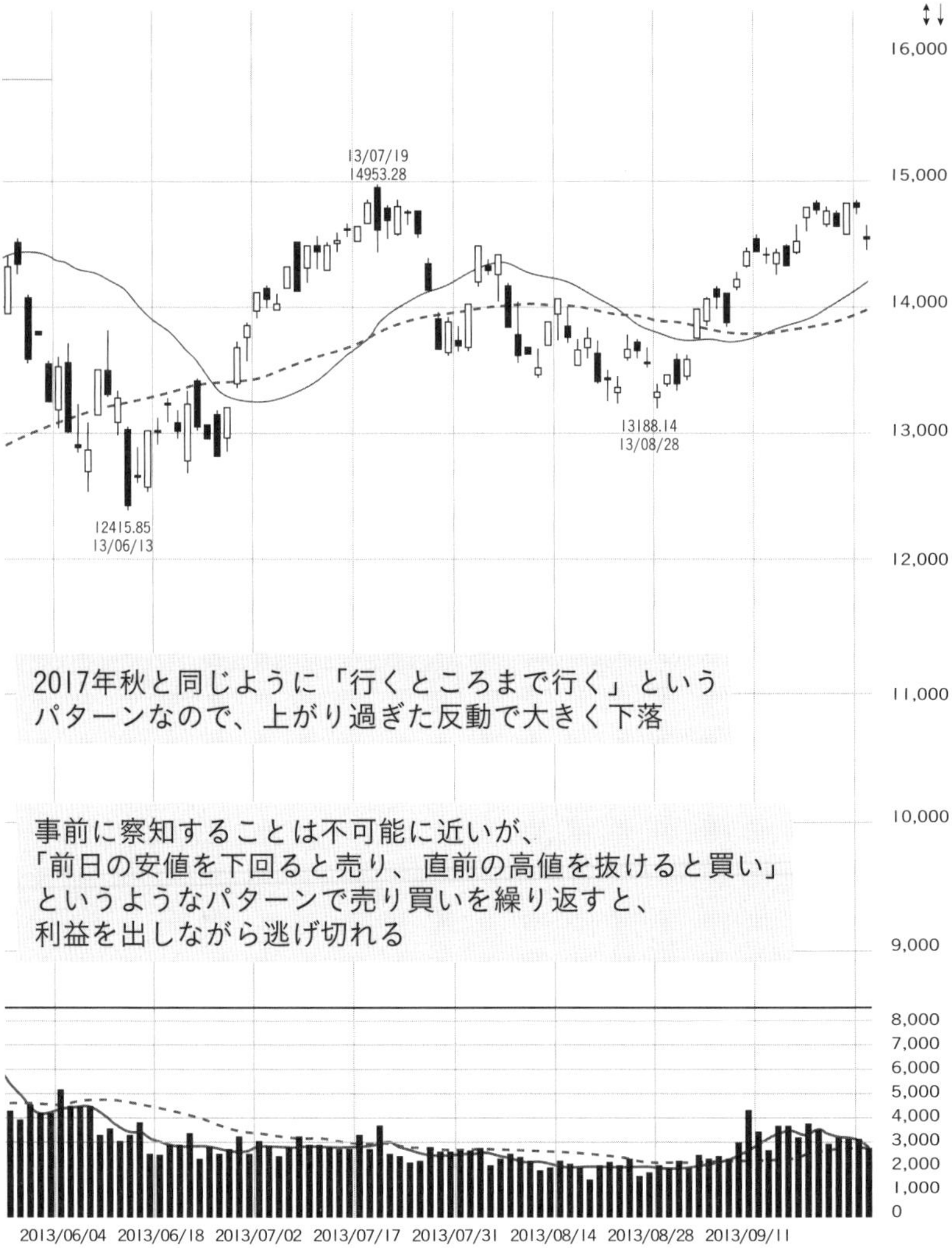
13/07/19
14953.28
12415.85
13/06/13
13188.14
13/08/28
2017年秋と同じように「行くところまで行く」という
パターンなので、上がり過ぎた反動で大きく下落
事前に察知することは不可能に近いが、
「前日の安値を下回ると売り、直前の高値を抜けると買い」
というようなパターンで売り買いを繰り返すと、
利益を出しながら逃げ切れる
16,000
15,000
14,000
13,000
12,000
11,000
10,000
9,000
8,000
7,000
6,000
5,000
4,000
3,000
2,000
1,000
0
2013/06/04
2013/06/18
2013/07/02
2013/07/17
2013/07/31
2013/08/14
2013/08/28
2013/09/11

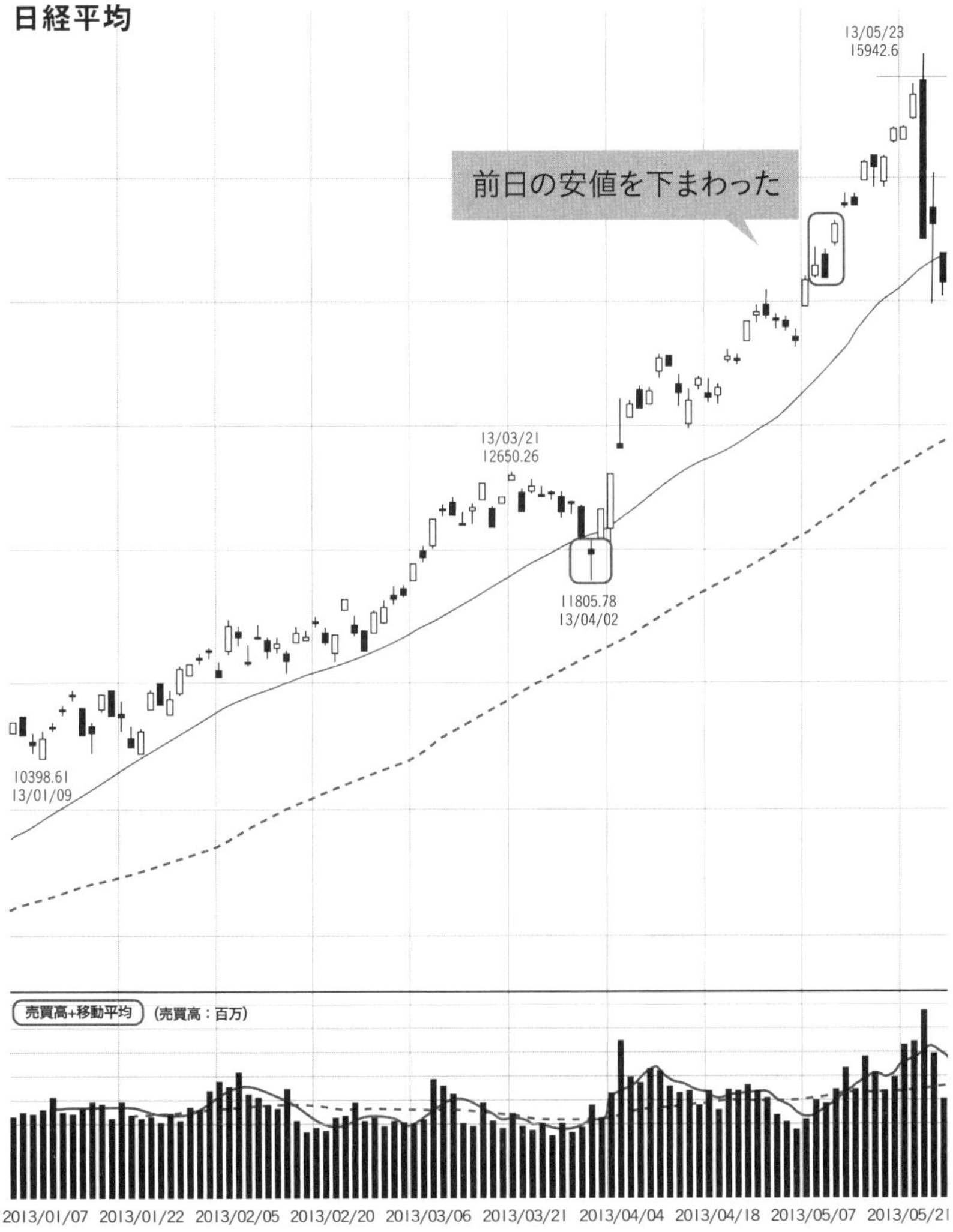
日経平均
13/05/23
15942.6
前日の安値を下まわった
13/03/21
12650.26
11805.78
13/04/02
10398.61
13/01/09
売買高+移動平均
(売買高：百万)
2013/01/07
2013/01/22
2013/02/05
2013/02/20
2013/03/06
2013/03/21
2013/04/04
2013/04/18
2013/05/07
2013/05/21

諦めることでスピーディーな決断ができ、決断できることで上手に売れるようになるのだと考えます。

では、具体的にどうすれば決断ができるようになるのか。これは、「売り」の根拠をはっきりさせておくことだと思います。事前に「こうなったら売る」というのを決めておくことも重要です。たとえば、「底値だと思って買った」というのが買いの根拠であれば、そこを割って下げていく場合は、買いの根拠が間違っていたので、すわなち「売りの根拠」になります。また、「前回高値を抜けるくらいまで上がる」と考えているなら、前回高値を抜けたところが「売りの根拠」というわけです。

そして、「今が売るときだ」となったら、そこで決断力を発揮してためらわずに売ることが重要なのです。

チャートの例としては、先ほど話に出た13年5月の日経平均のチャートを見ておきましょう。

人気先行で材料が出尽くしになる前が「売り」のタイミング――

「人気先走り」「順鞘は売り」

株式投資の世界では、株価に影響を与えるような材料は、早め早めに株価に織り込まれていくのが常です。たとえば、「こんなすごい新製品が出ますよ」というニュースが発表されたら、実際に発売される前に期待や人気だけで株価が上がっていくということです。

こうした状況を表す相場格言が「人気先走り」です。期待を織り込みながら株価は上昇していきますから、「絶好の買い場」と考える人もいるかもしれません。しかし、私は逆に「売り場探し」の局面と考えます。

なぜなら、実際に新製品が発売された際には、人気が出た根拠というのはもう株価に織り込まれてしまっているため、そこからは株価上昇が見込めないからです。そうは言っても、画期的な商品で業績の拡大に寄与するといった流れになれば、さらに株価は上昇する可能性もあります。しかし、それでも一旦は「材料出尽くし」となって株価が下がることのほうがよくあるのです。

「噂で買って事実で売る」あるいは「知ったら終い」という相場格言もあるように、人気が行き過ぎたときには必ずその後で大きく下落します。特に、新興市場の銘柄ではその傾向が激しく、三空、四空で止まらないほど下落することもあるのです。

そこで、みんなが「この銘柄はいい」「これは買いだ」と言って、株価が上昇しているときにこそ「売り」を考えるべきだと言えるのです。

「人気先走り」の例はいくつもありますが、典型的なのが第1章でも取り上げた「Pokémon GO」ブームのときの任天堂と言えるでしょう。

また、「順鞘は売り」という相場格言もあります。第2章で取り上げた「大逆鞘は買い」の反対で、「人気先走り」と同様に、期待先行で株価が上がっている状況を指します。

順鞘とは、先物取引で期日の近いものより先の期日のもののほうが価格が高い状態のことです。つまり、「先に行くと高くなるのではないか」という意識が働いている相場ということです。

今後、上昇すると思われるためみんな今のうちに買おうとするわけですが、「先々高くなる」ことはすでにみんなが知っている情報です。そのため、株価には織り込み済みになっている可能性が高いのです。

ということは、「今から買おう」ではなく、「買われ過ぎているのではないか」という発想をするべきです。買われ過ぎていると考えるなら、「ここは売りのタイミングだ」と考えたほうがよいということです。

その銘柄を保有していなければ、当然、このタイミングで買いを検討するのはやめたほうがよいでしょう。

「人気先走り」「順鞘は売り」の例としては、２０１６年12〜1月にかけての大塚ホールディングスのチャートを取り上げます。

大塚ホールディングスは、12月9日以降大きく値を上げましたが、この上昇は大塚ホールディングスが日経平均構成銘柄に採用されるのではないかという期待によるものです。17年1月24日にミツミ電機とミネベアが経営統合することになり、日経平均構成銘柄に1つ空きが出るため、大塚ホールディングスを含むいくつかの銘柄の名前が上がり、注目が集まりました。

日経平均構成銘柄に採用されれば、機関投資家や年金資金、インデックスなどの買いが入り上昇が見込めるということで、先回りの買いが入ったのです。

1月6日の引け後に、新たな日経平均構成銘柄として大塚ホールディングスの採用が発表されると、翌営業日の10日には大幅に上昇して年初来高値を記録。しかし、その後は下落に転じて、実際に日経平均構成銘柄に採用される前日の1月23日までに高値から600円以上も値を下げてしまいました。

これはまさに、日経平均構成銘柄に採用されるという期待先行で買われ過ぎていたから起きた現象です。そう考えると、急上昇の過程はやはり「売り」を検討するタイミングだったと言えるのです。

では、日経平均構成銘柄の候補になって採用されなかった場合はどうでしょうか。大塚ホールディングスと同時期に候補になったセイコーエプソンのチャートも見ておきましょう。

セイコーエプソンも、大塚ホールディングスと同様に候補だというニュースが出て大きく上昇。しかし、大塚ホールディングスに決まったことが発表された後は窓を空けて急落しています。つまり、日経平均に採用されてもされなくても、期待先行で上昇した分、結局は下がってしまっているのです。

ただし、日経平均構成銘柄の候補になった銘柄が常に同じような値動きになるとは限りません。たとえば、16年に同様に候補になったヤマハ発動機の場合は、採用期待がそれほど大きくなかったことからあまり上昇せず、実際に採用が決まった後に株価が大きく上昇しています。

「人気先走り」は、どの程度人気が先走っているのかを総合的にとらえる必要があるということです。

なお、セイコーエプソンは、その後東芝の代わりに日経平均構成銘柄に採用されると言われて再び上昇し、7月10日に採用が決定。8月1日から実際に日経平均構成銘柄となっています。

6,000
5,800
5,600
5,400
5,200
5,000
4,800
4,600
4,400
17/02/13
5572
17/03/10
5393
5114
17/01/23
5040
17/03/08
25,000
20,000
15,000
10,000
5,000
0
1/18
2017/01/27
2017/02/07
2017/02/16
2017/02/27
2017/03/06
2017/03/17
2017/03/29
2017/04/07

大塚ホールディングス（4578）

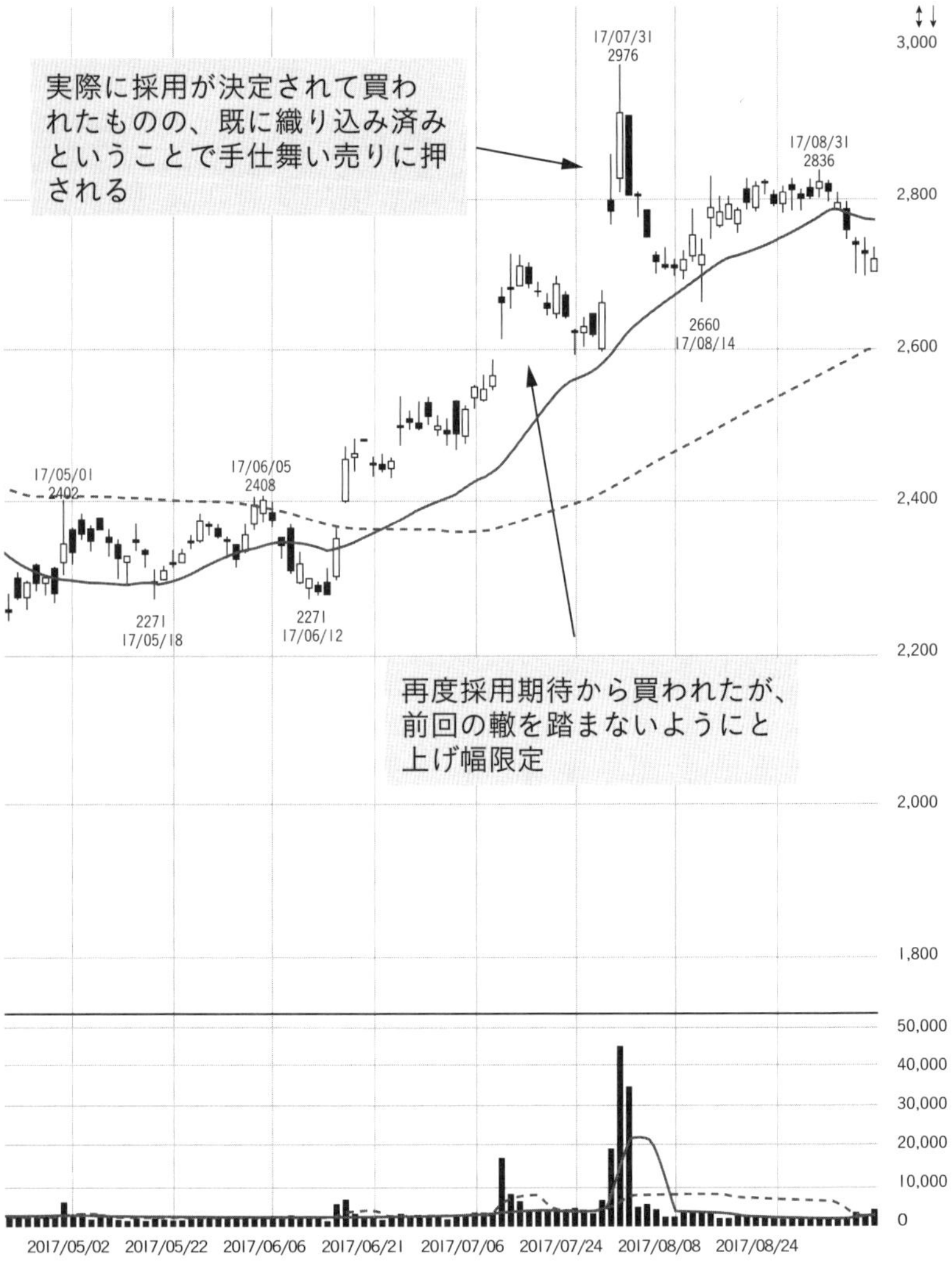
実際に採用が決定されて買われたものの、既に織り込み済みということで手仕舞い売りに押される
再度採用期待から買われたが、前回の轍を踏まないようにと上げ幅限定
17/07/31
2976
17/08/31
2836
2660
17/08/14
17/05/01
2402
17/06/05
2408
2271
17/05/18
2271
17/06/12
3,000
2,800
2,600
2,400
2,200
2,000
1,800
50,000
40,000
30,000
20,000
10,000
0
2017/05/02
2017/05/22
2017/06/06
2017/06/21
2017/07/06
2017/07/24
2017/08/08
2017/08/24

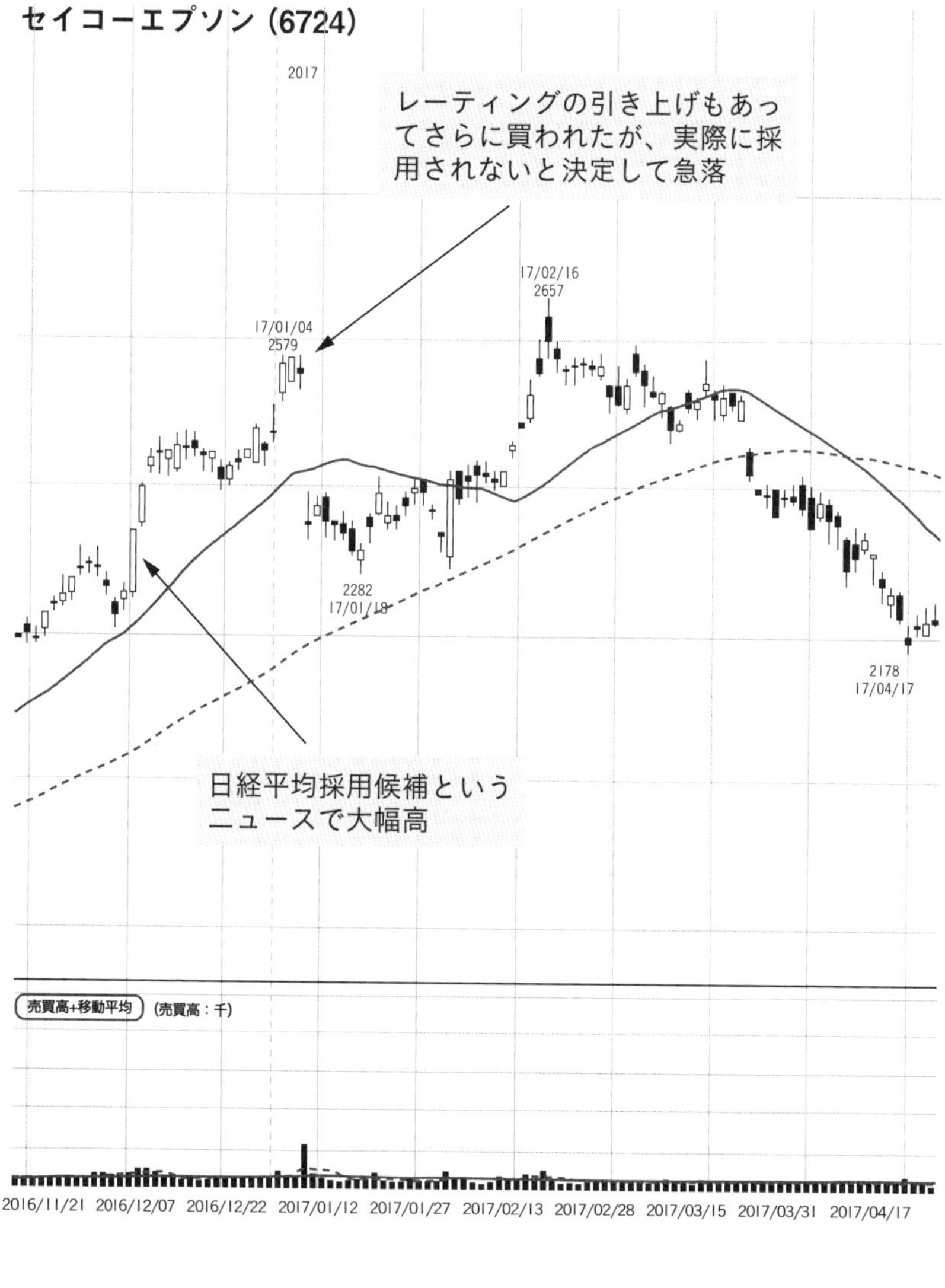
セイコーエプソン（6724）
2017
レーティングの引き上げもあってさらに買われたが、実際に採用されないと決定して急落
17/02/16
2657
17/01/04
2579
2282
17/01/18
2178
17/04/17
日経平均採用候補というニュースで大幅高
売買高+移動平均
（売買高：千）
2016/11/21
2016/12/07
2016/12/22
2017/01/12
2017/01/27
2017/02/13
2017/02/28
2017/03/15
2017/03/31
2017/04/17

ほどほどのところで売っておけば利益が出る――

「二割上がれば十中八九下落する」「二割三割向かう理と知れ」

江戸の相場格言には、数字を挙げて売買のタイミングを指示している箇所があります。たとえば、「二割上がれば十中八九下落する」。これは、2割上昇すれば8割、9割の確率で下落するということです。また、「二割三割向かう理と知れ」は、正確には「高下とも五分、一割にしたがいて、二割、三割は向かう理と知れ」という格言で、5%、10%の上昇には付いていっていいが、2割、3割上がった相場は必ず下がるものだ、ということを述べています。

具体的な数字は出てきますが、ここで見るべきは2割や3割といった数字自体ではありません。なぜなら、米相場と株式相場ではそもそも多くの点が異なり、また株式相場でも市場環境や個別銘柄の状況によってどこまで上がるか、どこまで下がるかは変わってくるからです。

では、これらの相場格言から何を学べばよいのかといえば、具体的な割合ではなく「行き過ぎた相場は必ず下落するものだ」ということと、だからこそほどほどのところで売っておくべきであるということです。利益が出ているときに売っておけば、それが100円でも200円でも300円でも儲かったことには変わりありません。「早く売り過ぎて儲け損なった」と思うこともあるかもしれません。しかし、損をしたわけではなくあくまで利食いできているので、それでよしとすればよいのです。

ネット証券の場合、現在は非常に手数料が安くなっているので、儲け損になったことがどうしても気になるのであれば、再エントリーという手もあるでしょう。その結果、最初は100円の利益確定、再エントリーでは30円の損切り、トータルでは70円の利益になったとしても、最終的にはプラスでその銘柄の取引を終えられているので、ほどほどには成功したと言えるのではないでしょうか。

さて、すでに述べたように2割や3割などといった相場格言の中の数字には、あまり意味はありませんが、「ほどほどのところ」とは一体どの程度だと考えておけばよいでしょうか。実際には、買ったタイミングや買いの根拠が重要になってきますが、ここでは「上値の目安」ということでいくつかヒントを出しておきたいと思います。

まず、上値の目安でいちばん簡単なのは「前回高値」です。前回の高値くらいまでは戻ることはよくあるので、そこを目安としておくという考え方です。高値に挑戦して、高値を抜けなかったら下げに転じる可能性があるので、そこで売るというパターンもあります。

また、新高値をつけた銘柄の場合は、「前回高値」という目途はもう効きません。その場合は、「前回の上昇幅」が目安になる可能性があります。ただし、新高値を付けるときはすでに「買われ過ぎ」になっているケースも多い点には注意が必要でしょう。

もうひとつ、上値の目安としてよく言われるのは「移動平均線からの乖離」です。移動平均線からだいぶ上に離れてしまったと思ったら、売りタイミングの目安になります。もし、利益確定ではなく損切りの場合は、移動平均線を下に乖離した場合が目安になったり、あるいはもっと手前の移動平均線を割ったらもう売ってしまうというのもあります。

こうした上値の目安となるパターンをいくつも覚えておけば、下げに転じる前にしっかり利益確定ができるようになるのです。

ここでは、「前回の上げ幅が目安になる」という例で、少し長い期間になりますが花王のチャートを見ていきたいと思います。

２０１６年11月15日に安値を付けて、そこから押し目を挟みながら3月下旬あたりで６０００円を付けていて、約１０００円上昇しています。次の上昇局面は4月17日の約６０００円から始まっていますが、前回と同じ上げ幅だとすると６０００円＋１０００円で７０００円くらいが目安ではないかと考えられます。そして、実際に6月7日に７１７８円という高値を付けて、下落に転じました。ですから、前回と同じ上げ幅のところで売っておけば、どこで買ったかにもよりますがとりあえず利益を確保することができるというわけです。

この花王の例は、前回上げ幅ときれいに一致していて、かつ相場格言のまさに「二割上がれば」のとおりとなりました。当然ながら、常にこのような結果になるとは限りませんが、頭に入れておいて損はないパターンだと言えるでしょう。

17/06/07
7178
17/04/10
6300
6001
17/04/17
6585
17/07/05
7,500
7,000
6,500
6,000
5,500
5,000
4,500
7,000
6,000
5,000
4,000
3,000
2,000
1,000
0
2017/03/03
2017/03/21
2017/04/05
2017/04/20
2017/05/10
2017/05/25
2017/06/09
2017/06/26
2017/07/11

花王（4452）

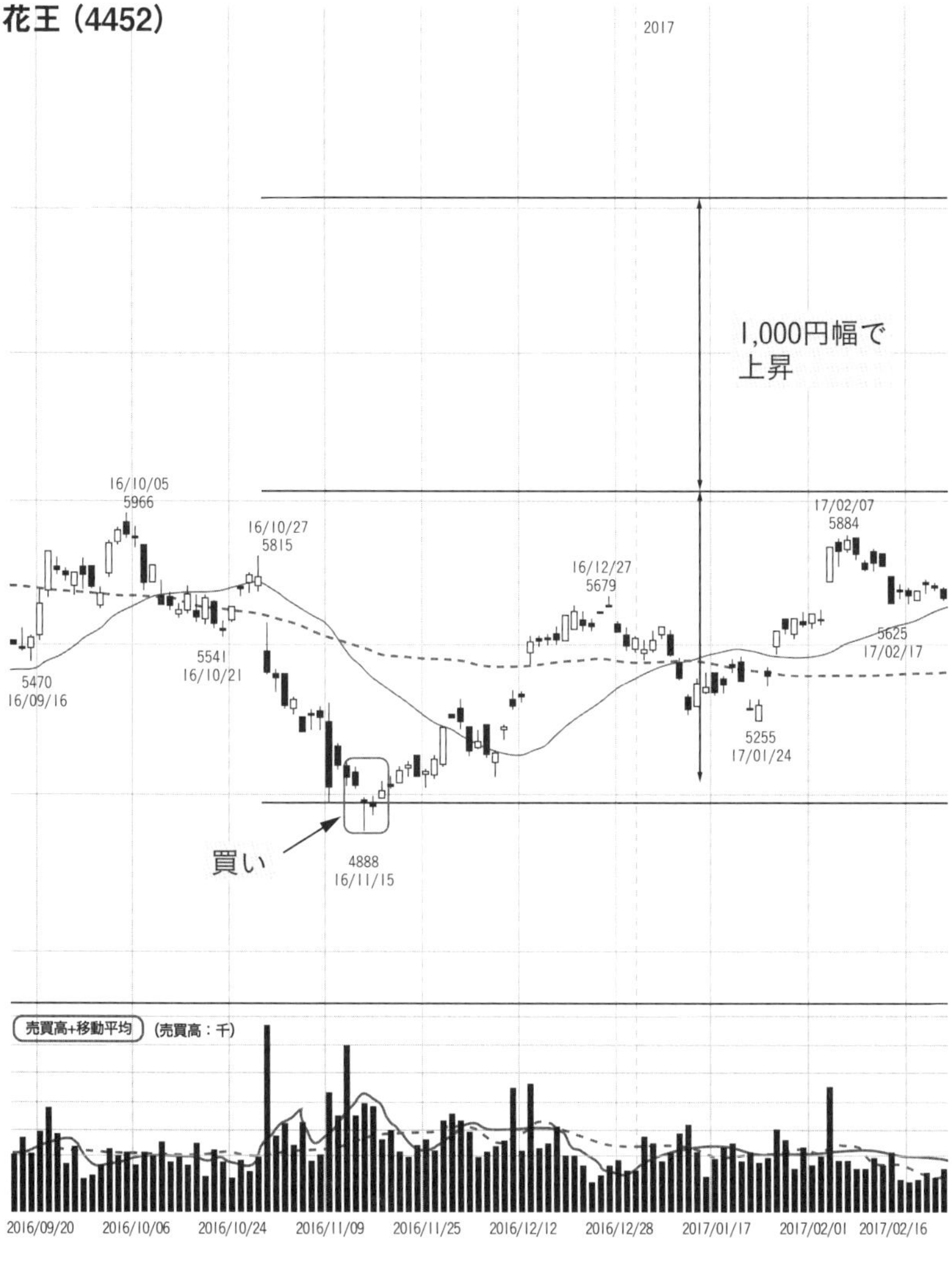
2017
1,000円幅で上昇
16/10/05
5966
16/10/27
5815
16/12/27
5679
17/02/07
5884
5470
16/09/16
5541
16/10/21
5625
17/02/17
5255
17/01/24
買い
4888
16/11/15
売買高+移動平均 (売買高：千)
2016/09/20
2016/10/06
2016/10/24
2016/11/09
2016/11/25
2016/12/12
2016/12/28
2017/01/17
2017/02/01
2017/02/16

最高値で売れないなら「売り」のタイミングをどうとらえるか――

「後悔に二つあり」

前項では、テクニカルな部分にも触れつつ「売り」のタイミングについてお話しました。ここでは、もう少しメンタルな部分に焦点を当てて「売り」のタイミングを考えたいと思います。

ベストな「売り」のタイミングとは、最高値で売ることでしょう。売った直後から株価が下落すれば、「ああ、いいタイミングで売れた」と心置きなく取引を終えられます。利益を最大限確保できたことはもちろん、精神的な満足感が大きいのではないでしょうか。

ただ、テクニカルを駆使しても、最高値をピンポイントで予想することは難しいのが現実です。そこで、本章で取り上げた相場格言の「頭と尻尾はくれてやれ」にあるように、ほどほどのところで売って利益を確保したほうがいい、ということになります。

とは言え、売った後にどんどん上がると「なぜ売ってしまったのか」と後悔することもあるでしょう。もちろん、なるべく利を伸ばして売れるように、ローソク足やチャートをよく分析して、売りの根拠の精度を上げていくことが何より重要です。と同時に、「これは、笑って済ませられる後悔なのだ」と意識を変えたほうが気が楽になると考えます。

儲け損ねて悔やむ人にぜひ覚えておいて欲しい言葉が、『本間宗久相場三昧伝』の中にあります。それは「後悔に二つあり」です。ひとつは、すでに述べたとおり、儲け損ねたことによる後悔です。『本間宗久相場三昧伝』の中では、「あと5～6日待っていれば十分に利益が得られるものを、勝ちを急いだために2～3分取り逃がした後悔だが、これは笑って終わりにできる後悔だ」と続きます。

となれば、もうおわかりかもしれませんが、もうひとつの後悔は売りのタイミングを逃して損失を被った場合です。「7～8分の利益が乗っていたのに、まだまだと欲をかいて売らないうちに下落に転じて損が出てしまう後悔で、こちらは苦労した末の後悔となり慎みたいものだ」と書かれています。

「儲け損ない」と「欲をかいた挙句の損切り」、どちらの後悔のほうがマシか考えるまでもありません。「儲け損なった」と後悔したときには、「でも、これは笑って済ませられる後悔だ」と思えば、気持ちも楽になるのではないでしょうか。

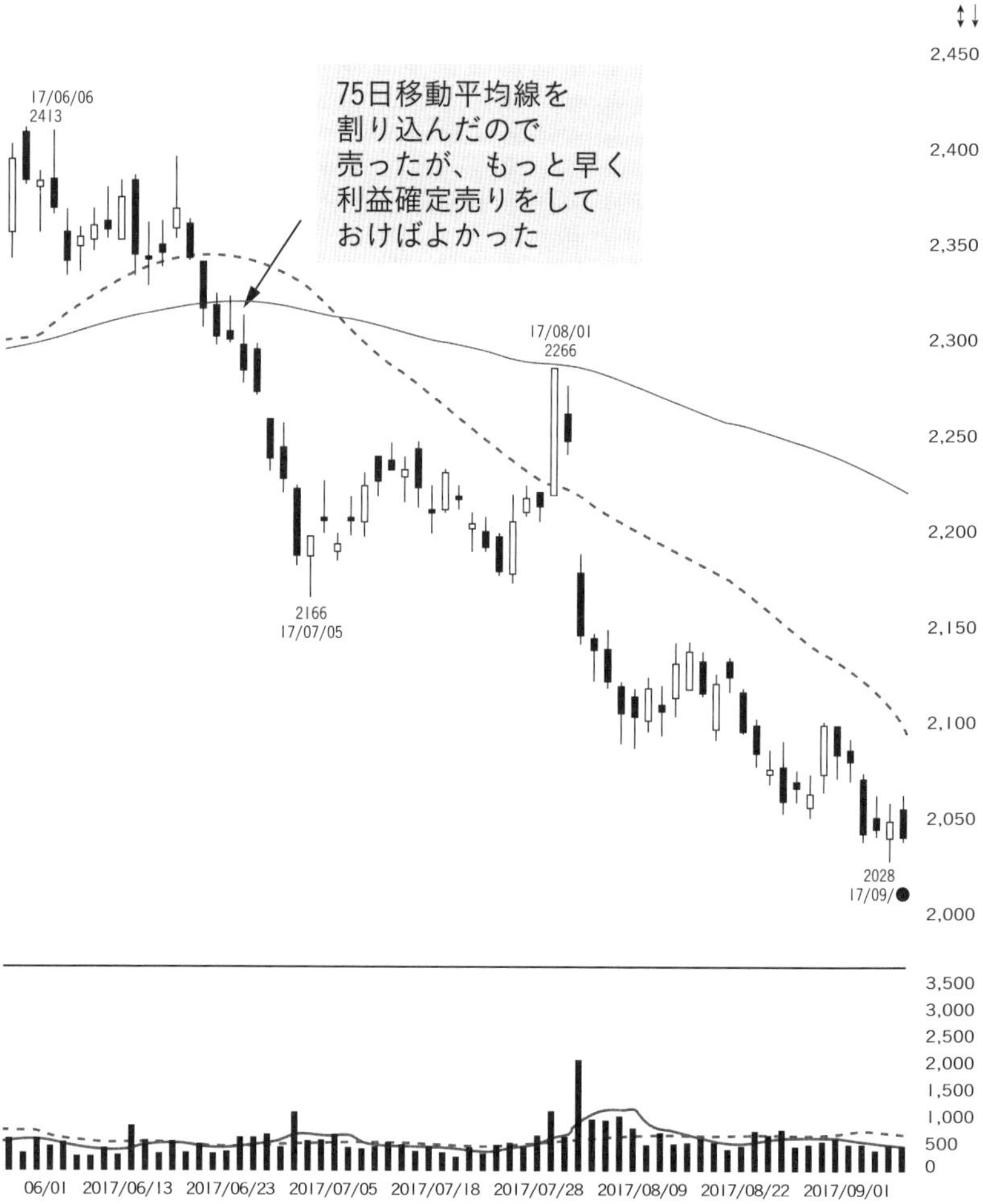
75日移動平均線を
割り込んだので
売ったが、もっと早く
利益確定売りをして
おけばよかった
17/06/06
2413
2166
17/07/05
17/08/01
2266
2028
17/09/
2,450
2,400
2,350
2,300
2,250
2,200
2,150
2,100
2,050
2,000
3,500
3,000
2,500
2,000
1,500
1,000
500
0
06/01
2017/06/13
2017/06/23
2017/07/05
2017/07/18
2017/07/28
2017/08/09
2017/08/22
2017/09/01

山崎製パン（2212）

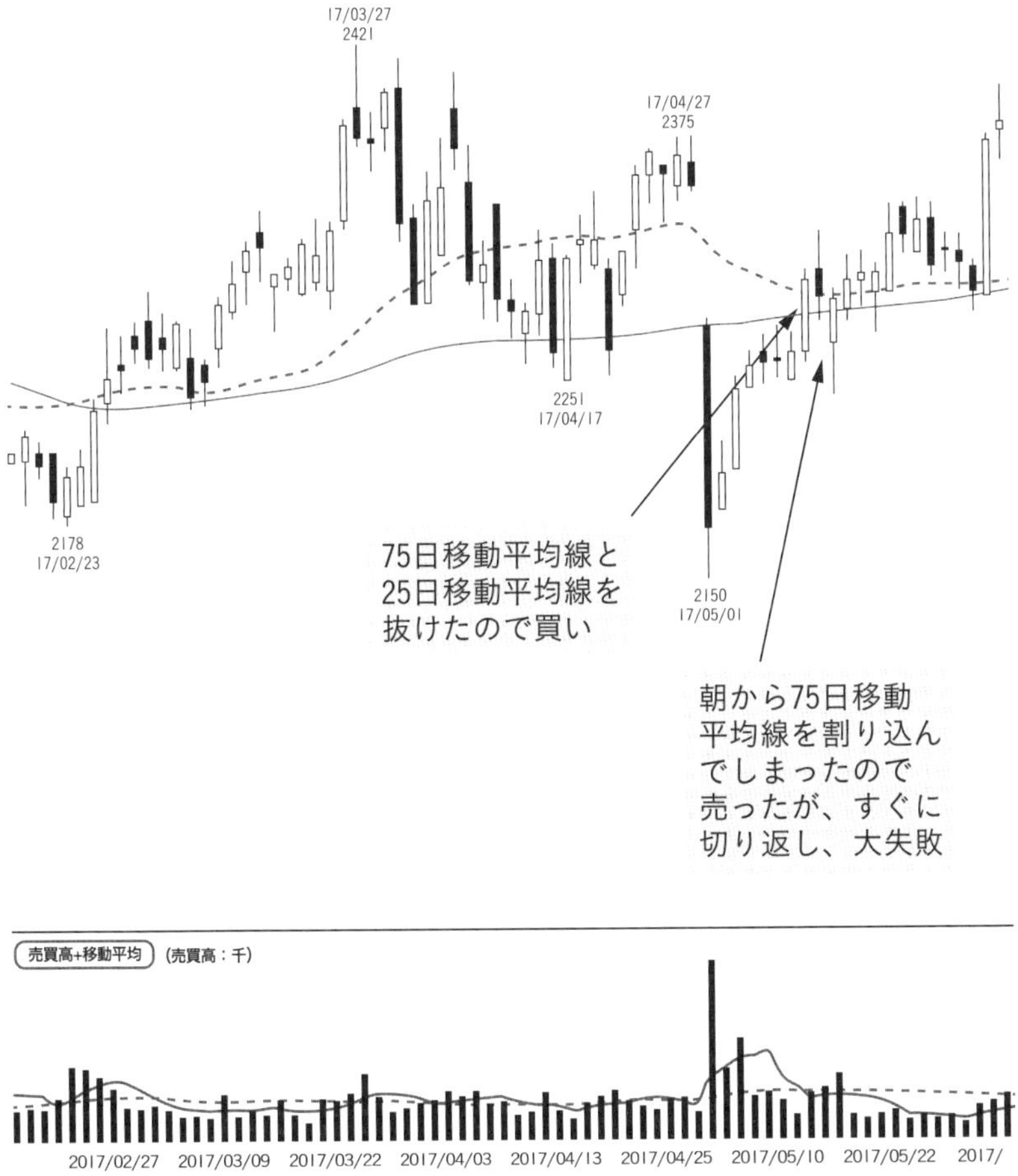
17/03/27
2421
17/04/27
2375
2251
17/04/17
2178
17/02/23
75日移動平均線と
25日移動平均線を
抜けたので買い
2150
17/05/01
朝から75日移動
平均線を割り込ん
でしまったので
売ったが、すぐに
切り返し、大失敗
売買高+移動平均
(売買高：千)
2017/02/27
2017/03/09
2017/03/22
2017/04/03
2017/04/13
2017/04/25
2017/05/10
2017/05/22
2017/

繰り返しになりますが、利益を十分に狙えるように、買いと売りのタイミングの精度を上げていくことも忘れないでください。

前ページでは、山崎製パンのチャートを紹介しています。売りのタイミングが早すぎた場合と利益を狙い過ぎて売りが遅れて損失が出てしまった場合、このチャートでは両方の例を見ることができます。

第4章

米商いは堪えることが大事——無用な商いで思わぬ損を出さないための「待ち」の心得

やみくもに取引せずに、「買い」と「売り」に「休み」を挟む

株式投資は、「買い」と「売り」という二つで成り立っていると思っている人がほとんどではないでしょうか。

けれども、本間宗久は「買うこと」と「売ること」に加えて「休むこと」が大切と『相場三昧伝』の中で強調しています。非常によく知られた相場格言のひとつですが、「休むも相場」という言葉を聞いたことがある人は多いのではないかと思います。

宗久が見ていたのは江戸時代の米相場ですが、私は現代の個人投資家にこそ「休み」という時間を意識して欲しいと考えています。というのも、インターネットを使って個人がいつでも取引ができるようになってから、のべつまくなし取引をしている個人投資家が非常に多くなったからです。「株中毒」と呼んでもいいかもしれません。

短期トレードが主という個人投資家であれば、取引の間は相場に張り付く場合もあると

は思いますが、私としては、個人の投資家が毎日常に取引を繰り返す必要はないと考えています。そもそも、証券会社のプロのディーラーであっても、「ここぞ」というとき以外はそんなにバタバタ取引を繰り返しているわけではないのです。

逆に、個人投資家のほうが、買うべき根拠・売るべき根拠に乏しい状況で、頻繁に「買って売って買って売って」を繰り返している気がします。

のべつまくなし取引することがなぜよくないかといえば、答えは簡単で、やみくもに売買をしても儲からないからです。常に相場に張り付いて取引している人は、往々にして人気急上昇の銘柄やニュースで見かけただけの銘柄など、とにかく値動きのある銘柄に飛びつきがちです。

しかし、買い場をしっかり探さないままに買ってしまうと、含み損を抱える可能性が高くなり、結果的には損切りをすることが多くなってしまうのです。

確かに、「買い」と「売り」のわずかな価格差で儲ける「スキャルピング」という取引手法もあります。しかし、その種の取引は今やコンピュータの自動売買が対応していて、そこで人間が勝とうとするのは難しいものです。

そうであれば、わざわざ難しい土俵を選んで慌てて勝負するよりは、買うべき銘柄と買うべきタイミングをじっくりと探して取引するほうが結局は勝てる投資家になれるのではないかと考えます。

宗久の『相場三昧伝』には、次のような一文があります。

「売りでも買いでも今日しか相場はやっていないかのごとく思うようなときは、三日待つべきである」。この「三日」という具体的な数字はさほど意味はありません。大切なのは、「待つべき」つまり「休むべき」というところです。

どうしても今日取引したいと思うのは、どこかに焦りがあるからです。焦らずにじっくりと相場の状況をうかがう。しっかりと銘柄を絞り込み、チャートを見て買いタイミングを探る。

そういう時間を設けることが重要なのです。

私自身の話をすると、相場が強く見えて買いがどんどん入って、自分でも「これは強い相場だから今買っておかないと」と思うようなときには、一旦クールダウンの時間を設けるようにしています。その日はもう相場は見ないで、「とにかく今すぐ買いたい」という気持ちを抑えます。

また、買ったはいいが思うような取引にならず損切りした後や、相場の方向性が見えないときにも一旦は「休み」を入れて焦らず冷静になることが必要です。

そこで第4章では、「買い」と「売り」、「売り」と「買い」の間に考えるべき、「待ち」と「休み」について考えていきます。

買う前にしっかり準備をすれば、損切りのリスクを下げられる――

「米商いは踏み出し大切のこと」

第3章の「見切り千両」のところでは、損切りであっても売ることは正しいという、損切りの大切さを説明しました。しかし、損切りを繰り返す「損切り貧乏」になることは避けなくてはなりません。

そのためには、損切りにならない買い方をすればいいだけです。

損切りにならないような買い方とは、買うべき銘柄を正しいタイミングに買うということに尽きます。買うタイミングを間違えているから、含み損を抱えやすく、含み損にならないようにするにはいつ売ればいいのかと常に相場を見ながらヒヤヒヤすることになるのです。

そのことを今に伝える相場格言が「米商いは踏み出し大切のこと」です。相場では、最初に仕掛けるタイミングが大事ということです。この格言は、仕掛けるタイミングが悪かったときにはたいてい失敗する、と続きます。

銘柄選択のない米相場の場合は仕掛けのタイミングだけで済みますが、現代の株式相場では取引のタイミングに加えて、銘柄を絞り込む作業も必要になります。

そもそも本当に儲けている人たちは、実際に売買する時間よりも、売買する銘柄について調べている時間や買うべきタイミングを探している時間のほうがずっと長いものなのです。この買うまでの準備の時間も、「買い」でも「売り」でもないという意味では「休み」あるいは「待ち」の時間と言ってよいのではないかと思います。

新製品や決算のニュースから銘柄にあたりをつけて、事業内容や業績を調べてよさそうであれば、チャートの形を見て今が買えるタイミングかどうかを探る……という流れでもよいですし、反対にチャートの形がいい銘柄をピックアップして、その企業の情報や業績、新しい事業はないか、まだみんなが気づいていないような株価材料はないかと探していって買うという考え方でも構いません。

いずれにしろ、銘柄とチャートをじっくり検討して、明確な「買う根拠」があるタイミングまで待ってから買うことが重要です。そうすれば、買った後は、思ったとおりに動くのか、買いの根拠が正しかったのかを見ておけばいいだけなので、バタバタと慌てる必要もありません。

必ず思ったとおりに株価が動くということではありませんが、損切りになる可能性はかなり減らせると考えます。

少なくとも「売るべきタイミングでは買わない」ことを徹底して欲しいと思います。そのためには、チャートとローソク足から、どんなときが買いのタイミングなのか、売りのタイミングなのか、そのパターンをできるだけ頭に入れておいて、その上で相場環境や相場参加者の心理を考えて、その都度、買いのタイミングを考えていくことが重要です。

ここでは、仕掛けのタイミングが悪かった例として、グンゼの２０１６年11月～17年8月までのチャートを見ていきましょう。

ありがちなのが、高値から少し下がったところを「押し目」と考えて慌てて買ってしまうパターンです。しかし、いずれの場合も、そこからさらに下がってしまい含み損を抱える結果になってしまいます。

もし、もっとしっかり買いタイミングを検討して、25日移動平均線や75日移動平均線を抜けたところなど典型的な買い場で買っていれば、この期間の間に何度も売買して儲けることもできると考えます。

これは、グンゼだけでなくどの銘柄にも当てはまることですが、下げている途中で買わない、いわゆる「落ちるナイフはつかまない」ことを徹底するだけでも、損切りのリスクは減らせるはずです。

ちなみに、この期間のチャートの全体像を見ると、17年8月上旬に今期予想の黒字転換を受けて株価が急上昇しています。そのため、どんなタイミングで買っていても持ち続けていれば結果的には儲かりますが、それはあくまで結果論です。

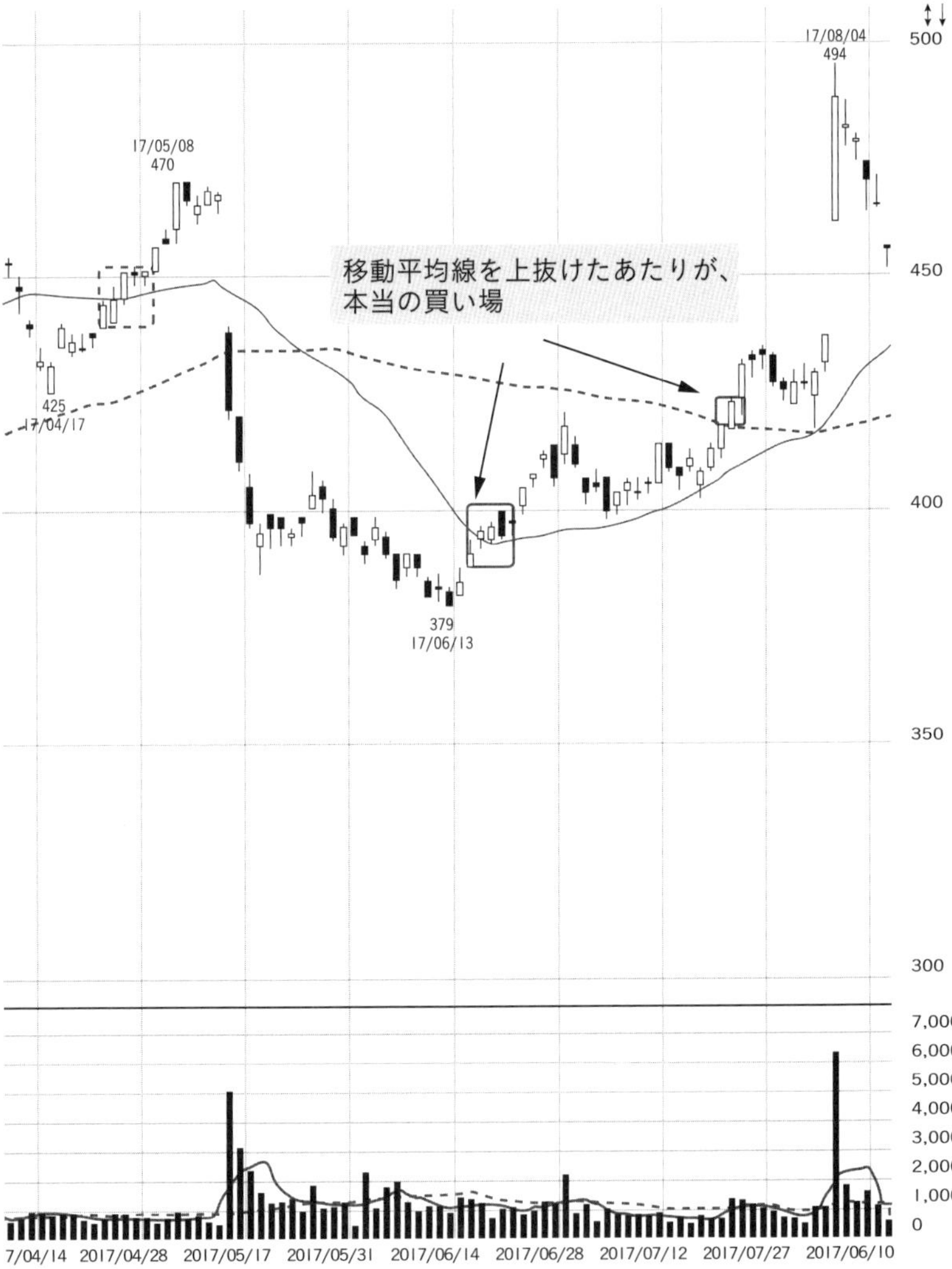

17/08/04
494
17/05/08
470
移動平均線を上抜けたあたりが、
本当の買い場
425
17/04/17
379
17/06/13
500
450
400
350
300
7,000
6,000
5,000
4,000
3,000
2,000
1,000
0
7/04/14
2017/04/28
2017/05/17
2017/05/31
2017/06/14
2017/06/28
2017/07/12
2017/07/27
2017/06/10

グンゼ（3002）

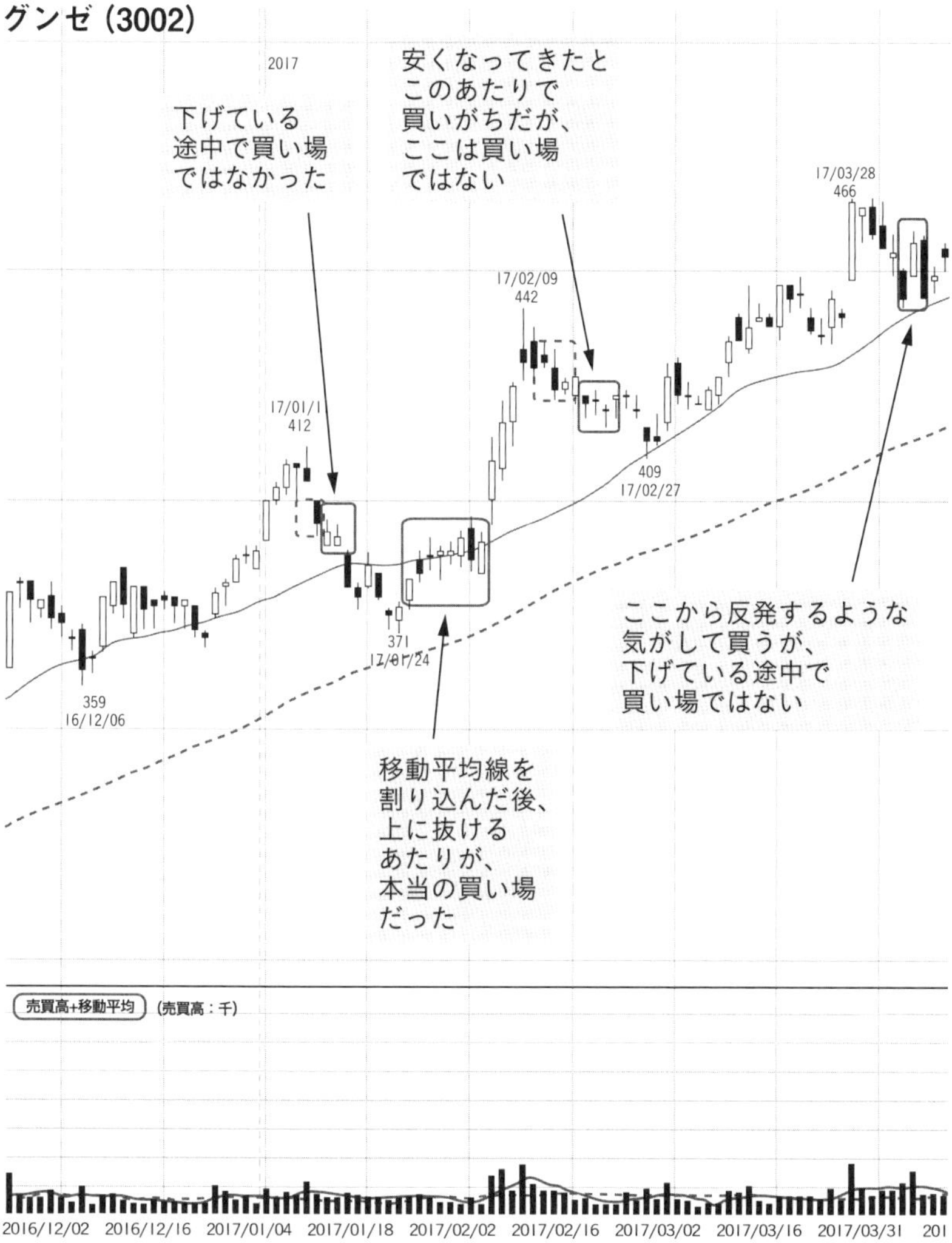
2017
下げている
途中で買い場
ではなかった
安くなってきたと
このあたりで
買いがちだが、
ここは買い場
ではない
17/03/28
466
17/02/09
442
17/01/1
412
409
17/02/27
371
17/01/24
359
16/12/06
ここから反発するような
気がして買うが、
下げている途中で
買い場ではない
移動平均線を
割り込んだ後、
上に抜ける
あたりが、
本当の買い場
だった
売買高+移動平均
(売買高：千)
2016/12/02
2016/12/16
2017/01/04
2017/01/18
2017/02/02
2017/02/16
2017/03/02
2017/03/16
2017/03/31

いつでも取引している人はそれほど儲からない――

「年中商い手の内にあるとき」

本章の冒頭でも触れたとおり、年がら年中、相場に張り付いてのべつまくなし売買を繰り返しているという個人投資家が増えているようです。

そうした人たちは、相場の現状や流れに関係なく、常に取引していないと気が済まないようです。1年の間には、参加者が少なく上にも下にもほとんど動かない相場というのも必ずあります。そんなときにも「何か買うものはないか」と探して売り買いをするようですが、動かない相場で無理に取引してもあまり儲からないものです。

株式投資のための資金を、現金のまま持つことを極端に嫌がる人もいます。資金効率が悪いと考えていて、何かを売ったらまたすぐ別のものを買おうとするのでしょう。ネット証券を使えば、売買手数料はほんのわずかですから、売り買いは簡単にできます。しかし、買うタイミングでないときにわざわざ買う必要はないと考えます。買い場でないところで買っても、なかなか上がっていかないか、あるいは下落してしまう可能性も高くなるので、結局は効率のよい資金の使い方とは言えなくなってしまいます。

もしかすると、「デイトレードで大きな資産を作っている個人投資家」のような投資家像が頭に浮かんでいるのかもしれません。しかし、はっきり言って株取引で数十万円を数億円に増やすような人は、かなり特殊な例です。だからこそ、目立つのです。ただ、一般の個人投資家がそこを目指す必要はないと私は考えます。

江戸の相場格言では、年中取引することを次のように戒めています。「年中商い手の内にあるときは利運遠し。折々仕舞いて休み見合わせ申すべきこと第一なり」、つまり年中取引しているようでは儲からない、ときどきは手仕舞いして取引を休み、相場の流れをよく見るようにしたほうがいいということです。

そもそも、全体相場は年に何回かは「なぜ今買わないのか」というくらいひどく売り込まれるときがあります。そこで、普段は取引せずに、そういうときを見計らって買うというのもひとつの有効な取引手法です。一方で、まったく相場が動かないような時期には、どのあたりが買い場になるか、その時に何を買えばいいかを考える「待ち」の時間にすればよいのです。

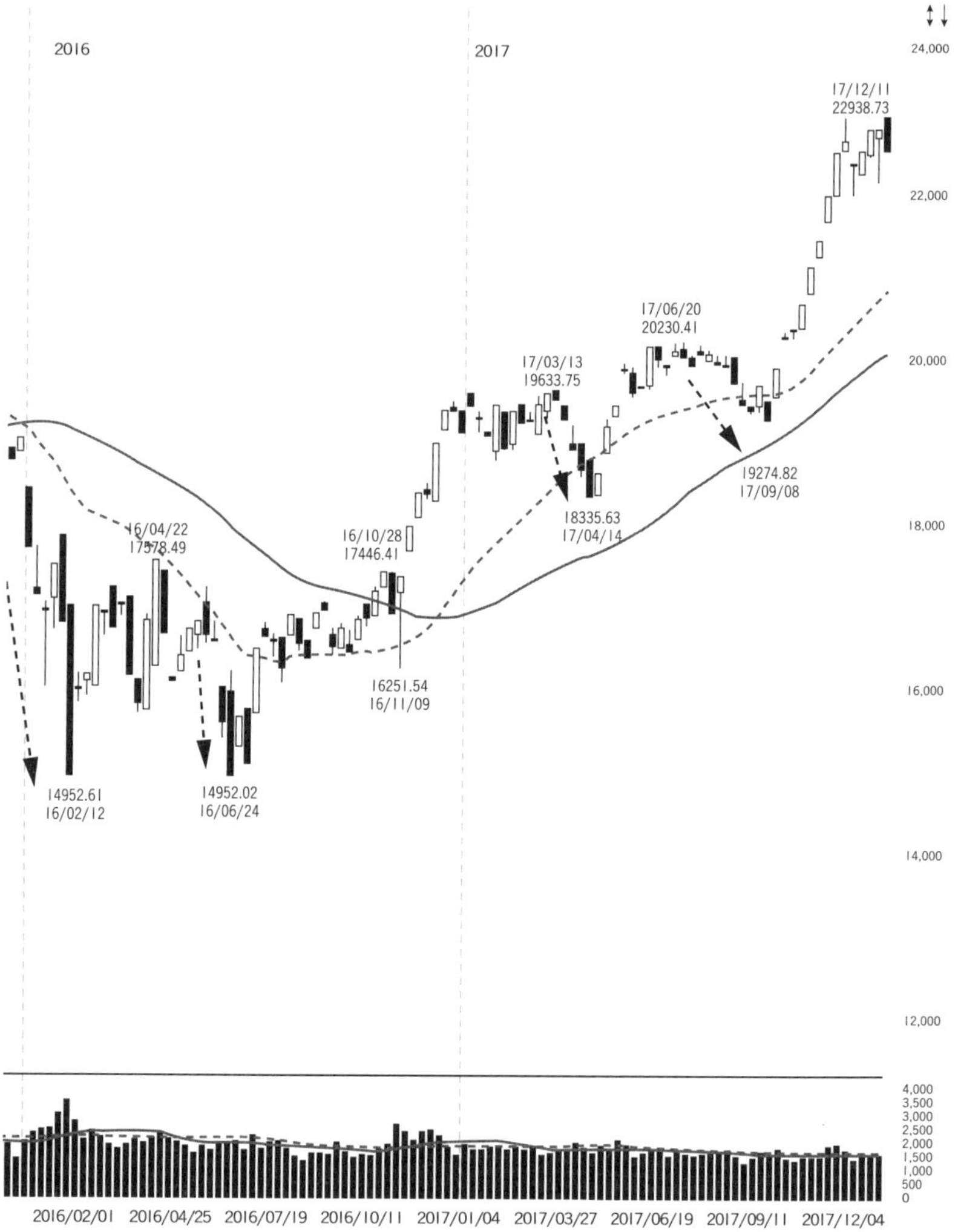
2016
2017
24,000
22,000
20,000
18,000
16,000
14,000
12,000
17/12/11
22938.73
17/06/20
20230.41
17/03/13
19633.75
19274.82
17/09/08
18335.63
17/04/14
16/04/22
17578.49
16/10/28
17446.41
16251.54
16/11/09
14952.61
16/02/12
14952.02
16/06/24
4,000
3,500
3,000
2,500
2,000
1,500
1,000
500
0
2016/02/01
2016/04/25
2016/07/19
2016/10/11
2017/01/04
2017/03/27
2017/06/19
2017/09/11
2017/12/04

日経平均（週足）

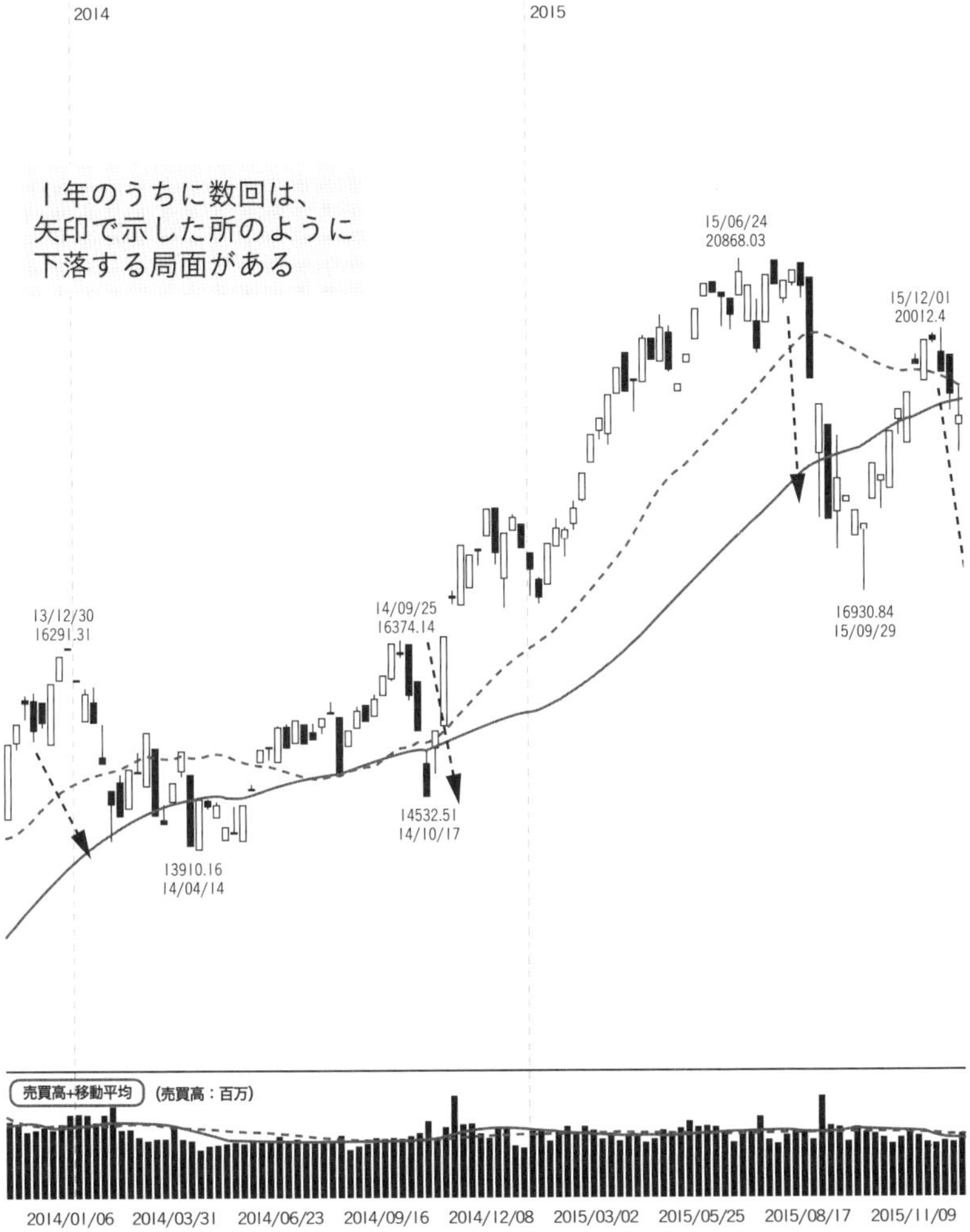
2014
2015
1年のうちに数回は、
矢印で示した所のように
下落する局面がある
15/06/24
20868.03
15/12/01
20012.4
13/12/30
16291.31
14/09/25
16374.14
16930.84
15/09/29
14532.51
14/10/17
13910.16
14/04/14
売買高+移動平均
(売買高：百万)
2014/01/06
2014/03/31
2014/06/23
2014/09/16
2014/12/08
2015/03/02
2015/05/25
2015/08/17
2015/11/09

ここでは、２０１３年12月下旬～２０１７年12月上旬までの日経平均株価のチャートを取り上げたいと思います。

週足チャートを見ると、相場は一本調子ではなく1年間の中でいくつか山を作っていることがわかると思います。第1章では、16年11月の米国大統領選挙後の下落について説明しましたが、ほかにも15年のチャイナショックと言われている下落や16年の英国のブレグジット問題などで大きく下落しているところがあります。一方、下げが一段落して上昇していく局面もあります。

日経平均そのものを取引するわけではなくても、日経平均が大きく下がって個別銘柄も軒並み下落するような局面をとらえれば、それだけで大きな利益を得られる可能性が高まり、一方で損切りの可能性は非常に少なくなるはずです。日頃からのべつまくなし取引をするよりは、そうした局面であらかじめ目を付けておいた銘柄に投資するほうが明らかに有利と言えるでしょう。

「買い」の根拠が継続している間は途中で「売り」は考えない――
「目標を決めて片買いで対処」

第3章では「利食い千人力」「見切り千両」という相場格言で、スピーディーに「売る」ことの正しさ、重要性を説明しました。ここで紹介するのは、一見まったく逆のことを言っている相場格言です。

それが「目標を決めて片買いで対処」で、「大きな流れが上昇ということで目標を立てた場合には、途中途中ですぐに売ろうと考えるのではなく、買い一辺倒で行くべきだ」という意味の格言です。

最近は、買って少し上がったらすぐに売る、といった慌ただしい取引をする人が増えているようです。しかし、大きな方向性をしっかりつかむことができていて、買うべきタイミングで買えていれば、慌てて手仕舞うことを考える必要はないのです。

とは言え、途中で売ることを禁じているということではないと思います。下落が不安であれば途中で利益確定をしても構いませんし、もちろん、流れが変わって大きく下げそうなときには、損切りも必要でしょう。

大事なのは、実際に途中で売るかどうかではなく、大きな流れや方向性が見えているかということです。テクニカルやファンダメンタルズの要因を総合的に判断して、どこまで上がるのかを自分なりに考えてみるとよいでしょう。そして、その見立てどおりに進んでいる限りは、目標まではチャートを見守りながら買い一辺倒で考えておけばよいのです。バタバタとした取引ではなく、じっくりと「待つ」姿勢で臨みましょう。

さて、「目標を決めて片買いで対処」の例として取り上げるのは、2016年2月～17年8月半ばまでのソニーのチャートです。

私は、ソニーは5000円くらいまで上値余地があるとかねてから考えていました。その理由は、ソニーの企業としての中身が変わってきたことにあります。

以前のソニーはさまざまな商品、事業を扱う総合電機メーカーというイメージでしたが、不採算部門だったテレビ事業やパソコン事業を切り離し、現在はゲーム部門やエンターテインメント部門などに事業を絞り込んでいます。中でも、私が注目しているのは電子部品会社としての側面です。ソニーのCMOSイメージセンサーは、スマートフォンやカメラ、またさまざまな機器類に欠かせない存在となっています。

電子部品会社として見た場合、競合する企業はたとえば村田製作所やＴＤＫです。そして、値がさ株として知られる村田製作所の株価は1万6000円台、ＴＤＫの株価は6000～8000円の間くらいです。

ただ前述のとおり、ソニーは電子部品事業だけを展開しているわけではありません。ということで、たとえば村田製作所の半分～3分の1の株価と考えても、5000円くらいは行くのではないかと考えたのです。

株価5000円が目標となるなら、3000円を割れるような局面は「買い」と考えてよいでしょう。そこで、2016年の4月以降は、3000円を割り込むような場面では、買いを繰り返して保有株数を増やしていくことを考えました。

もちろん、3000円を割ったらただ機械的に買うのではなく、その都度、ローソク足から買いタイミングを図ることも重要です。また、どうなった場合には売るのかという損切りの目安も決める必要がありますが、基本的には「片買いで対処」で臨んでいいと考えます。

また、3000円を超える水準で推移するようになってからも、25日移動平均線などを

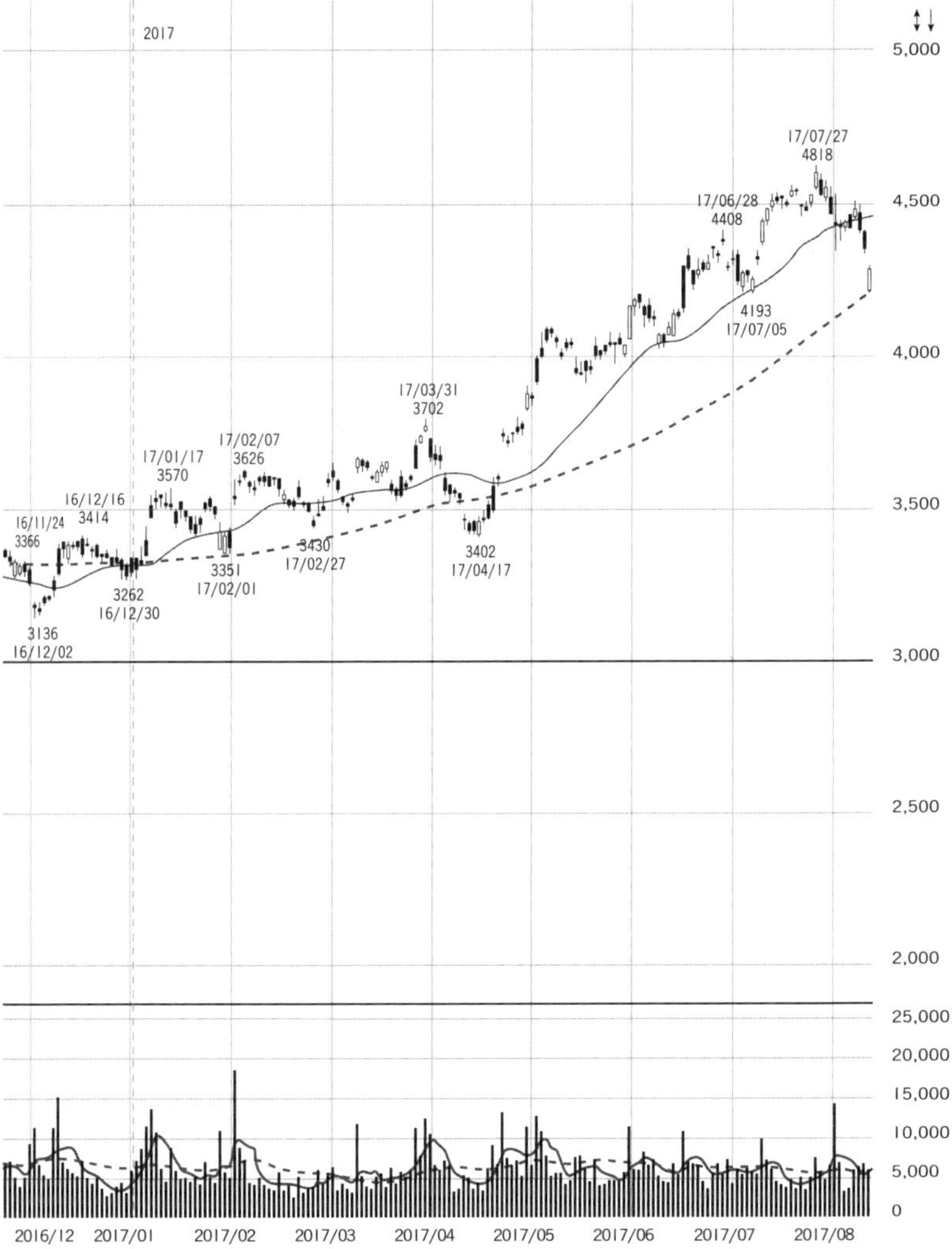
2017
5,000
4,500
4,000
3,500
3,000
2,500
2,000
25,000
20,000
15,000
10,000
5,000
0
17/07/27
4818
17/06/28
4408
4193
17/07/05
17/03/31
3702
17/02/07
3626
17/01/17
3570
16/12/16
3414
16/11/24
3366
3430
17/02/27
3402
17/04/17
3351
17/02/01
3262
16/12/30
3136
16/12/02
2016/12
2017/01
2017/02
2017/03
2017/04
2017/05
2017/06
2017/07
2017/08

ソニー（6758）

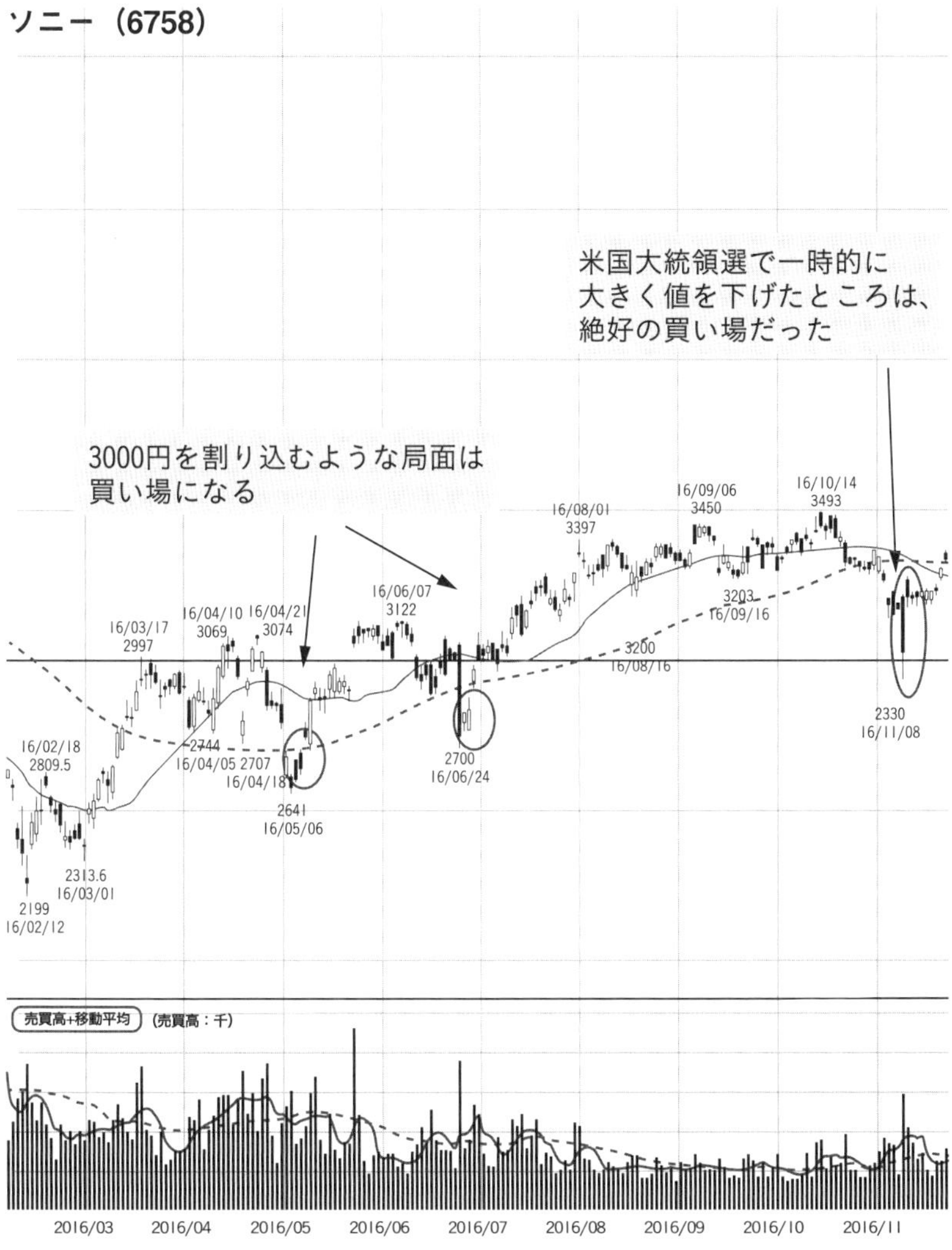
米国大統領選で一時的に
大きく値を下げたところは、
絶好の買い場だった
3000円を割り込むような局面は
買い場になる
16/02/18
2809.5
2199
16/02/12
2313.6
16/03/01
16/03/17
2997
16/04/10
3069
16/04/21
3074
2744
16/04/05
2707
16/04/18
2641
16/05/06
16/06/07
3122
2700
16/06/24
16/08/01
3397
3200
16/08/16
16/09/06
3450
3203
16/09/16
16/10/14
3493
2330
16/11/08
売買高+移動平均
（売買高：千）
2016/03
2016/04
2016/05
2016/06
2016/07
2016/08
2016/09
2016/10
2016/11

目安に、3000円台半ばまでは買い場があれば「買い」を続けてよいでしょう。

株価は、前ページのチャートの期間内ではまだ5000円には届いてはいません。しかし、上げ下げを繰り返しながら大きな流れとしては右肩上がりで推移し、ついに2017年11月2日に5000円を突破。その後の値動きも堅調です。つまり、しっかり買い場を見極めて買っていれば、わざわざ途中で売って利益を確定しなくてもそのまま保有し続けて、利益を伸ばし続けることができたということです。

買いも売りも半分ずつ行えば気持ちが楽になる――

「高安に気の安らかな半扱商い」

「買い」の相場格言を取り上げた第2章では、底値だと思ったところでまず少しだけ買って、大丈夫だと思えばさらに買い増しをするという「打診買い（千天元）」や「底値買い重ね」の手法を説明しました。ここでは、その考え方をさらに進めた「二度に分けて買い、二度に分けて売る」という「半扱商い」を見ていきたいと思います。

「半扱商い」については、牛田権三郎が『三猿金泉秘録』の中で次のように述べています。「売買に徳の乗りたる商いは、半扱商いのすくい場と知れ」。これは、「売っているとき（米相場の話なので空売りを指します）も買っているときも、利益が出ているのなら半分だけ利食いするチャンスだ」という意味です。

第3章の「利食い千人力」で説明したとおり、利益確定はいつでも正解です。しかし、売った後に大きく上がれば儲け損なうことになります。一方、売らずに持っていてそのまま下落してしまえば、後悔してもしきれないでしょう。そこで、高値を付けたら（あるいはほどほどに上がったら）半分だけ利益確定することを勧めているのです。半分利益を確定しておけば、その後上がっても下がっても一定の利益はすでに確保済みなので、気持ちが楽になります。

牛田権三郎も、「高安に気の安らかな半扱商い、寝ても起きても徳取れるなり」（相場が高くても安くても、半扱商いをしていれば気分が安らかで、いつでも儲けることができる）と述べています。

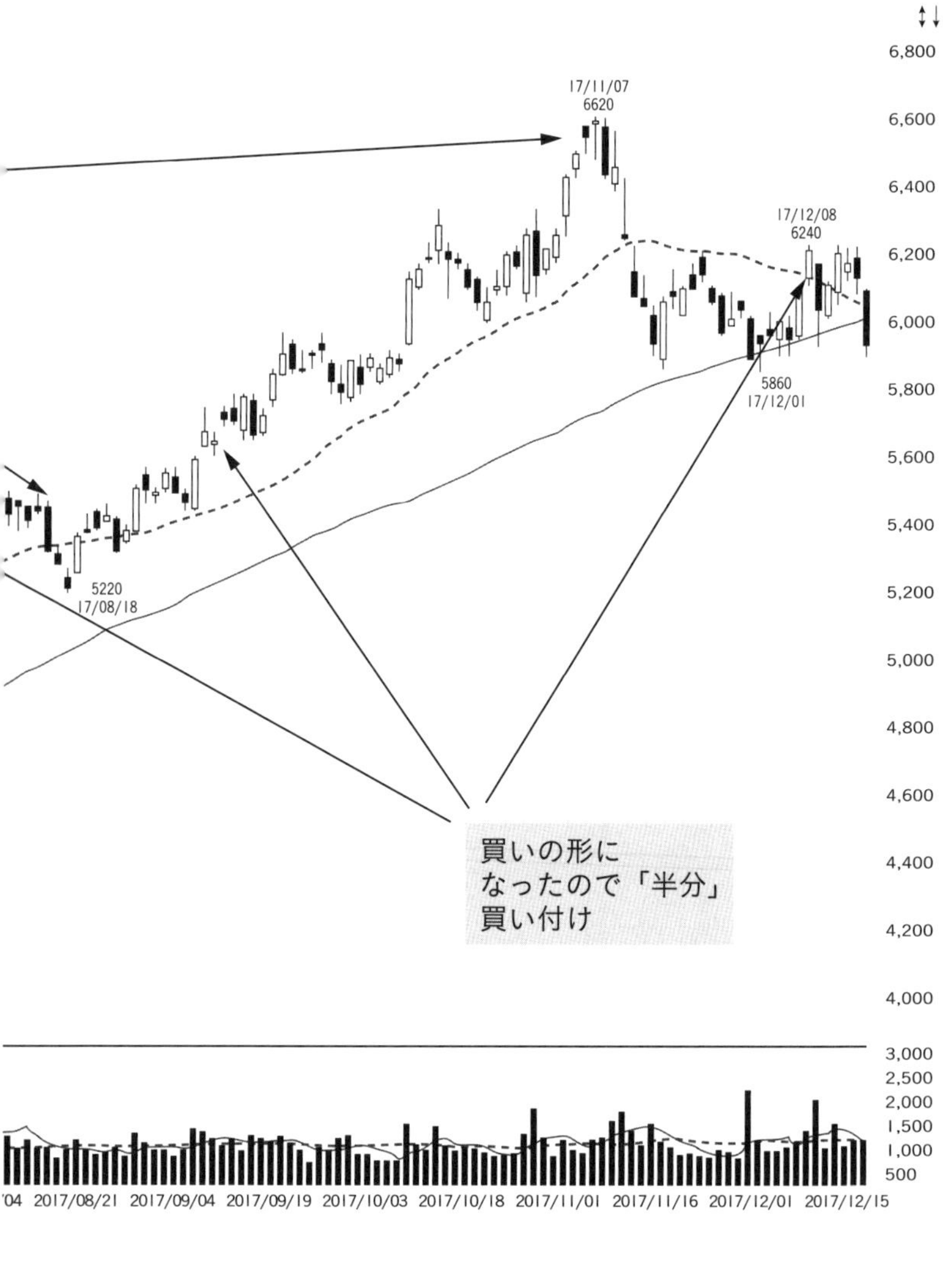

17/11/07
6620
17/12/08
6240
5860
17/12/01
5220
17/08/18
買いの形に
なったので「半分」
買い付け
6,800
6,600
6,400
6,200
6,000
5,800
5,600
5,400
5,200
5,000
4,800
4,600
4,400
4,200
4,000
3,000
2,500
2,000
1,500
1,000
500
'04
2017/08/21
2017/09/04
2017/09/19
2017/10/03
2017/10/18
2017/11/01
2017/11/16
2017/12/01
2017/12/15

大成建設（1801）

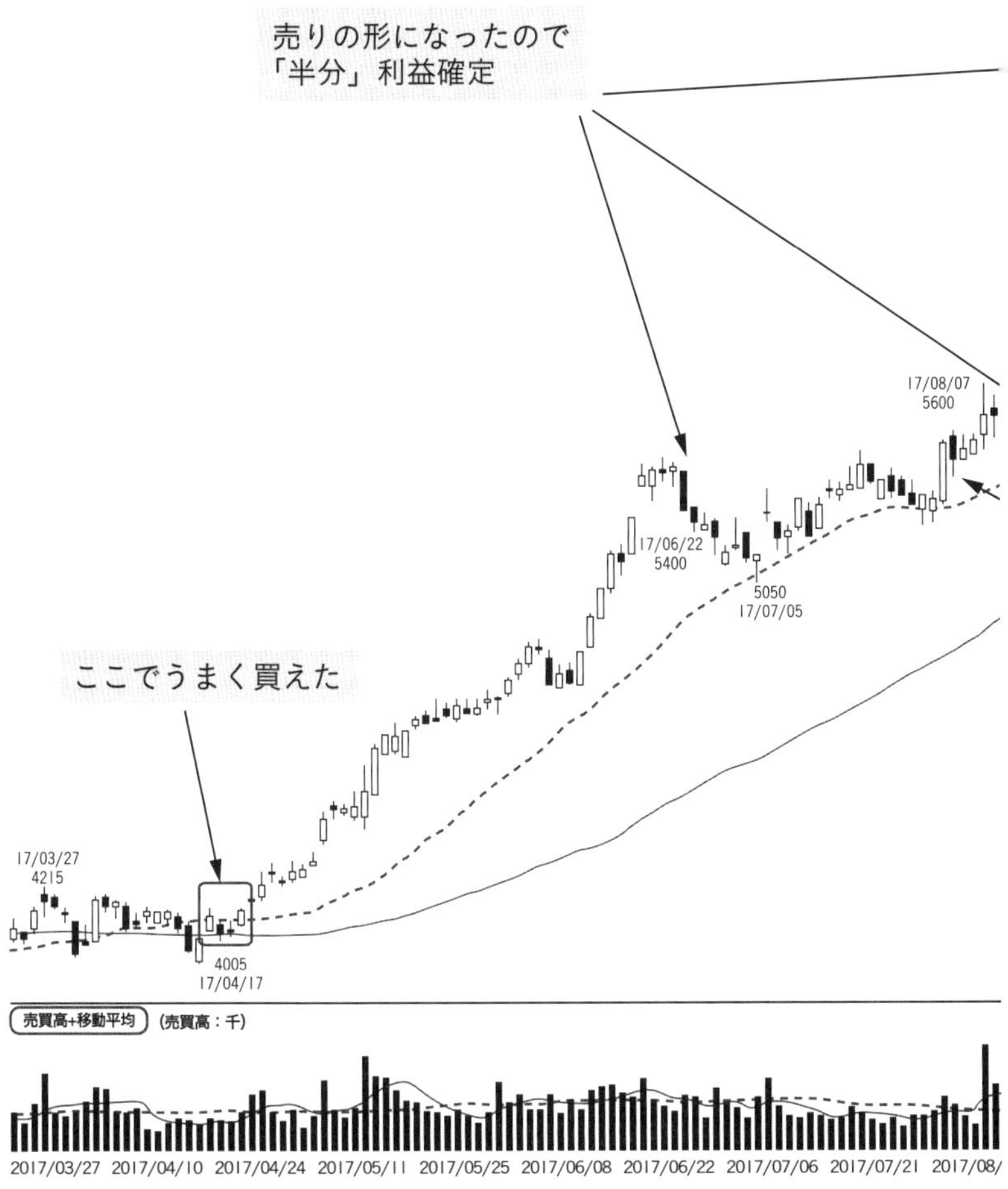
売りの形になったので
「半分」利益確定
ここでうまく買えた
17/03/27
4215
4005
17/04/17
17/06/22
5400
5050
17/07/05
17/08/07
5600
売買高+移動平均
(売買高：千)
2017/03/27
2017/04/10
2017/04/24
2017/05/11
2017/05/25
2017/06/08
2017/06/22
2017/07/06
2017/07/21
2017/08/

また、半分だけ売った後に下がったら、再び半分買って、上がったらまた半分だけ売って、半分ずつ「売り」と「買い」を続けていくこともできます。資金を2つに分けてまず半分だけ買い、その後追撃買いをして、売るときも半分ずつ売っていく。「底値買い重ね」+「半扱商い」はリスク分散にもなります。

ひとつ気を付けたいのは、本書で繰り返し強調しているとおり、必ず買う根拠、売る根拠をはっきりさせた上で取引を行うということです。「半扱商い」であってもそこは通常の売買と何ら変わりはありません。

具体的にどのように「半扱商い」を行えばよいのか、大成建設の２０１７年３～12月のチャート例を見てみましょう。まず、４月中旬以降に移動平均線を上に抜けたタイミングで買い、その後は移動平均線との位置関係とローソク足を見ながら、売りの形になったところで半分を売り、買いの形になったら再び最初に買った株数の半分を買い……を繰り返していきます。この例では、最初の買いでは複数単元（2単元以上）をまとめて買ったと仮定していますが、最初に買うときにも2度に分けるという方法を取っても構いません。

うまくいっているときこそ慎重な売買を心掛ける――
「勝ちに乗るべからず」

第4章では、「待つ」「休む」という話をしてきましたが、ここで少し違う話をしようと思います。取引がうまくいっていて、利益が出ているときの注意点です。

株式投資をしていて、買った株が上がって大きな含み益があったり、あるいはすでに大きな利益を確定していたりすると、どうしても調子に乗ってしまうものです。

「調子に乗る」とはどのような状態でしょうか。よくあるケースが、「今は利益が出ているから、多少損が出たとしてもいいか」と、無謀な取引をしてしまうことです。

具体的には、今保有していて上昇中の銘柄で、もっと利益を取ろうと買いの根拠のないところで買い注文を出したり、含み益で気をよくして急上昇中の別の銘柄にも飛び乗ったり。また、気が大きくなって、一度の注文株数が普段より大幅に増えてしまったりということもあるかもしれません。

しかし、うまくいっているときも、普段と変わらず、もしくはそれ以上に慎重にかつ基本に忠実にやっていくことが重要です。相場格言でも「勝ちに乗るべからず」と、調子に乗ることをいさめています。また、相場格言ではありませんが「勝って兜の緒を締めよ」という古くからの言葉もあります。

特に「買い増し」については、今一度、正しい方法を取っているのか再確認してください。第2章の「底値買い重ねのこと」で説明したとおり、上昇する銘柄を買い増すことは有効な取引手法のひとつです。ただし、買い増しであっても、「買い場で買う」という基本を崩してはいけません。

「休む」とは異なりますが、うまくいっているときこそ一度立ち止まって、調子に乗っていないか、基本に忠実な取引をしているか再確認するとよいでしょう。

さてもう一つ、「勝ちに乗る」別のパターンがあります。それは、過去に何度も大きな相場を作った銘柄に、「過去の栄光再び」ということで過大な期待をして投資してしまうことです。「この会社は何度も大相場を作っているから、今回も大きく上がるはず」と思ってしまうというわけです。これまでに説明したとおり、「過去の上げ幅」はチャートで売りタイミングを見る上で参考にはなります。しかし、過去の成功体験に引きずられて「いつ買っても最後はまた上がって利益が得られる」と思うのは大きな勘違いです。

ここでは、過去に大相場を作った例を具体的な銘柄で見ていきましょう。2014年にスマホゲームの「モンスターストライク」が大人気となり、株価が大幅に上昇したミクシィです。

長いチャートで見ると、14年の大相場の後も何度も大きく上昇する局面があったため、「前がこれなら、今度はここまで上がるはず」と目標を高く設定しすぎたり、あるいは過去のチャートを参考に「ここが押し目」と押し目ではない箇所を勘違いしたりしてしまい、さらに下落してしまうというケースが多いのではないかと考えられます。

たとえば、15年の上昇の際に、14年11月の前回高値6970円を目標にしてもそこまでは到達しません。また、15年9月の安値で買って、15年前半の上昇局面での上げ幅約2800円くらいは上がるだろうと考えた場合も、同様にそこまでは上がりません。

もちろん、過去の上げ幅や前回高値は目安にはなります。ただし、そうならないこともあるので、基本は「前とは違う」というのを心に留めておくべきです。過去の「勝ち」に乗って、「今度もここまでは上がる」と自分勝手に決めてしまうことは避けましょう。

ここも保ち合いで下がらず、
戻り期待で買いたくなるが、
このあたりで買うと失敗してしまう
15/06/24
6670
5040
15/08/14
4625
15/04/22
3015
15/09/04
15/11/08
4735
4170
15/11/10
15/12/07
5420
2016
16/02/02
4040
3580
16/01/21
2962
16/02/12
7,000
6,000
5,000
4,000
3,000
2,000
1,000
70,000
60,000
50,000
40,000
30,000
20,000
10,000
0
2015/05
2015/06
2015/07
2015/08
2015/09
2015/10
2015/11
2015/12
2016/01
2016/02
2016/03

ミクシィ（2121）

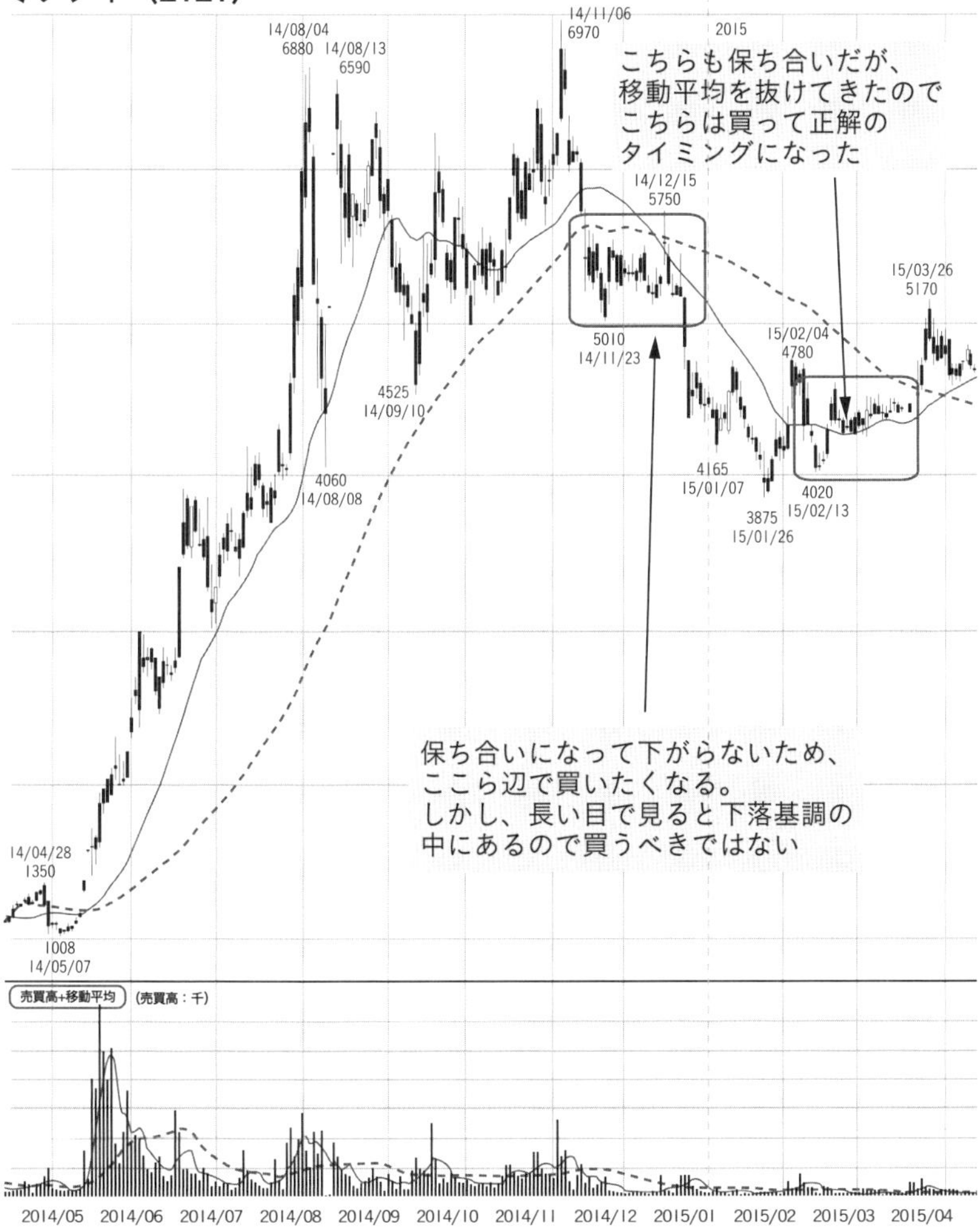
14/11/06
6970
2015
14/08/04
6880
14/08/13
6590
こちらも保ち合いだが、
移動平均を抜けてきたので
こちらは買って正解の
タイミングになった
14/12/15
5750
15/03/26
5170
5010
14/11/23
15/02/04
4780
4525
14/09/10
4165
15/01/07
4020
15/02/13
4060
14/08/08
3875
15/01/26
保ち合いになって下がらないため、
ここら辺で買いたくなる。
しかし、長い目で見ると下落基調の
中にあるので買うべきではない
14/04/28
1350
1008
14/05/07
売買高+移動平均
（売買高：千）
2014/05
2014/06
2014/07
2014/08
2014/09
2014/10
2014/11
2014/12
2015/01
2015/02
2015/03
2015/04

うまくいかないときはしばらく相場を休む——

「不利運の節、売り平均買い平均、決してせざるものなり」

総論で述べたとおり、本章では絶えず売り買いし続けるのではなく、間に「休み」を入れることの大切さを説明しています。では、具体的にはどんなときに相場を休んだほうがよいのでしょうか。

本間宗久は、『相場三昧伝』の中で次のように述べています。「不利運の節、売り平均買い平均、決してせざるものなり。思い入れ違いの節は、早速仕舞い、四、五十日休むべし」。現代語で説明すると、「取引をしてうまくいかないときは、さっさと手仕舞って、その後40～50日間は取引を休んだほうがいい。うまくいかないからといってナンピン（買いで値下がり・売りで値上がりをしたときに、買い増し・売り増しをして平均単価を抑えること）してはいけない」ということです。

きちんと銘柄を調べて、チャートを確認して買い場で買ったはずなのになぜか値下がりしてしまう、しかもそれが何回か続いてしまう。こうしたことは、株取引では少なくありません。その理由はさまざまで、たとえば相場やチャートを読み間違えているケースもありますし、全体相場の動きが不安定になっていてそれが個別銘柄の値動きに影響を与えていることもよくあります。

そんなときに、「損した分を取り戻そう」とムキになってナンピン買いをしたり、焦ってまた別の銘柄を買ったりすることは、たいていよい結果にはつながりません。取引したい銘柄や全体相場の状況を再度よく確かめるためにも、いったんは取引をやめて「休み」を挟んで冷静になったほうがよいのです。

ただし、本間宗久が相場を「休め」と言うのは、取引がうまくいかないときに限りません。「十分に儲かった場合も、いったん相場を40～50日間休んで、相場の動きをよく見極めて、ここぞというところで再び取引を行うべきだ」と言っているのです。

要するに、うまくいかなくても儲かっていても、いずれにしろ商いを休んでクールダウンする時間を設けるべきだということです。私も、宗久が言っているとおり、「ここが勝負のしどころ」という買い場以外は、「休み」を挟んだほうがよいと考えます。特に、損切りが何度も続くようなときには、気持ちを切り替える時間は必要でしょう。

なお、40～50日という期間については、相場格言どおりでなくて構いません。宗久自身、別の箇所では「商いがうまくいっているときには、利益確定の後に一両日休むことが大切」と述べていて、こちらはぐっと期間が短く1～2日としています。

具体的に何日間というよりも、とにかく「休み」を挟むことが重要なのです。

ここでは、取引をするタイミングと「休み」の期間を、キヤノンのチャートを例に取って見てみましょう。このチャートで「休み」としている間にも細やかな取引を挟むことは可能ですが、頻繁に売買を繰り返すことになり、効率がよいとは言えないことがわかるのではないでしょうか。

第4章 米商いは堪えることが大事——
無用な商いで思わぬ損を出さないための「待ち」の心得

売り
17/11/09
4472
4217
17/11/16
明確な売り買いの形が出ないので「休む」
買い
17/08/17
3890
3794
17/08/14
3707
17/09/08
4,500
4,450
4,400
4,350
4,300
4,250
4,200
4,150
4,100
4,050
4,000
3,950
3,900
3,850
3,800
3,750
3,700
3,650
3,600
3,550
3,500
3,450
3,400
3,350
3,300
20,000
15,000
10,000
5,000
0
2017/08/21
2017/09/04
2017/09/19
2017/10/03
2017/10/18
2017/11/01
2017/11/16
2017/12/01
2017/12/15

キヤノン（7751）

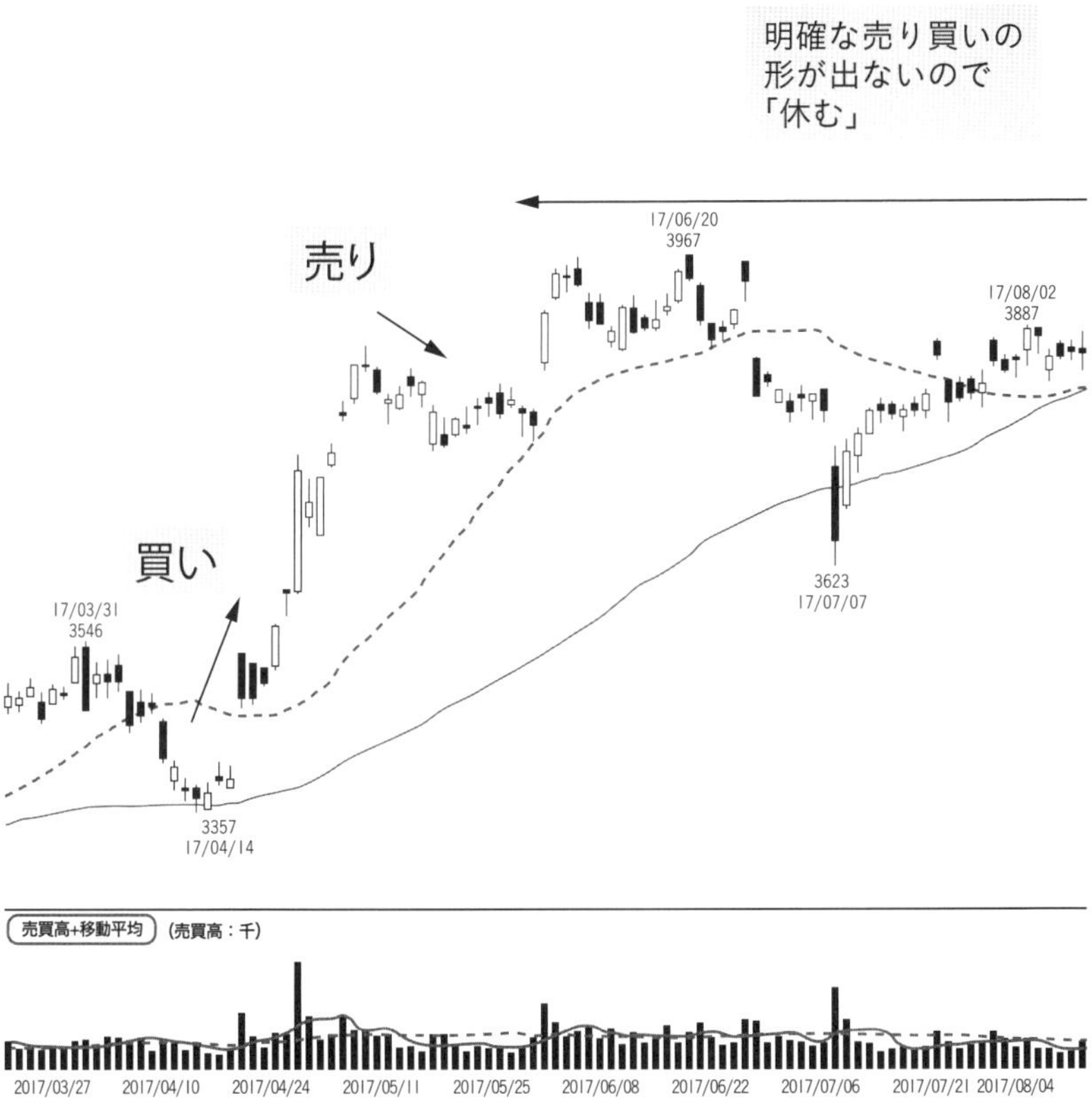
明確な売り買いの
形が出ないので
「休む」
売り
買い
17/06/20
3967
17/08/02
3887
17/03/31
3546
3623
17/07/07
3357
17/04/14
売買高+移動平均
(売買高：千)
2017/03/27
2017/04/10
2017/04/24
2017/05/11
2017/05/25
2017/06/08
2017/06/22
2017/07/06
2017/07/21
2017/08/04

第5章

利益を倍々で増やす！
江戸の米相場を制した投資の「スタイル」

株式投資で勝ち続けるには、自分に合った投資スタイルを確立すること

株式投資で成功する方法とは、突き詰めると「（現物投資では）安く買って高く売ること」に集約されます。そして、何を基準に「安い」と判断するのか、どこを買い場と見るのかという「買いの根拠」を明確にすることに尽きると考えます。

この「買いの根拠」をどうやって導き出すのかは、人によってさまざまです。チャートとローソク足からテクニカルで探すのか、それとも企業の事業内容や業績、成長性や割安度などのファンダメンタルズに注目するのか。また、株主優待や配当を重視していて、優待や配当を取得することを前提に買い場を探るという人もいるかもしれません。

もちろん、ファンダメンタルズ重視でもテクニカルは見ておく必要がありますし、逆にテクニカル重視でも企業の業績や事業内容は見るべきです。ただ、自分がどこに重点を置いて投資するのかについては考えてみたほうがよいでしょう。

ちなみに、正解はひとつではありません。テクニカルがいいとか、ファンダメンタルズではダメとか、株主優待重視では儲からないとかそういうことではなく、重要なのは自分の投資スタイルをはっきりさせることです。

相場で勝つためには、まず自分の投資スタイルを確立することが重要だと私は考えています。自分の投資スタイルを、「見つける」あるいは「考える」と言ってもいいかもしれません。

投資スタイルとは、前述の「買いの根拠」をどのように考えるかだけではありません。たとえば、デイトレードなのかスイングトレードなのか、それとも長期で緩やかに上昇していく過程で利益を得ていくのか。また、取引時間中ずっと株価を見ていられる人と、前場と後場の寄付前に注文を出したら後はまったく板を見られないという人では、自ずと投資スタイルは変わってきます。そして、投入できる資金の違いも投資スタイルに影響します。10万円しかない人と1000万円ある人では、同じような投資にはならないはずです。そもそも買える銘柄や株数が同じではないでしょう。

昨今は、書籍やインターネット上などにさまざまな投資テクニックがあふれています。しかし、自分の投資スタイルがわからないままに、人のやり方をそのまま真似しようとしても、恐らくはうまくいかないでしょう。投資期間や投資資金などの投資スタイルが情報発信者と違っていれば、同じような結果にはならないかもしれません。

まず、自分の投資スタイルを確立させて、それを軸として持った上でさまざまな情報に触れ、それらの情報はあくまで参考として、自分なりにアレンジして自分の投資スタイルに合ったものにしていくのがよいと考えます。

どうしても、多くの情報――中でも「これで成功しました」「この方法で30万円が1億円に」といった情報には飛びつきたくなるものですが、そんなときこそ相場格言ではありませんが「急がば回れ」の気持ちで、じっくりと検討することが必要です。

ところで、スポーツやゲーム、ギャンブルについて「○○必勝法」といった本や情報がよくあります。多くの人は、それを読んだからと言って連戦連勝はできないと考えています。にもかかわらず、株式投資の場合は本を読んでそのとおりにやれば勝てる、となぜか考えがちです。「すぐに儲けたい」という焦りがそうさせるのかもしれません。しかし、そこに書いてあるテクニックが有効なのは、ある時期の相場である銘柄に関してだけかもしれませんし、そもそも正しい情報ではないかもしれません。先ほども述べたとおり、あくまで参考程度のつもりで情報には冷静に向き合ってください。

相場に真摯に向き合えば、相場との付き合い方が見えてくる――
「相場のことは相場に聞け」「三位の伝」

株の学校の生徒やセミナーなどに参加した人から、よく「清水さんは株式投資をするときに何を見ているんですか？」と聞かれます。何を見ているかといえば、やはり「相場を見ています」としか答えようがありません。ふざけているわけではなく、大真面目に答えています。

本書の冒頭で説明したとおり、相場は参加者の心理の集合体で作られています。そのため、相場を真剣に見ていれば、値動きや出来高の変化からこの先は「下がるだろう」「上がるだろう」という先の流れが見えてきたり、そろそろ底なのではないかといった相場の転換点が見えてきたりするものです。

まさに、相場格言の「相場のことは相場に聞け」そのものです。特に不透明な相場環境では、相場を見て相場の流れに従うことで大きな損を避けることができると考えます。

もちろん、チャートと出来高だけを見ているわけではなく、相場全体あるいは個別銘柄のニュースなどさまざまな情報もチェックしていますが、たとえば新製品が発売になって株価が上がって出来高も増えていればその製品が人気であることが見えてきますし、画期的な新製品が出ても株価は多少上がるものの出来高が増えていなければそれほど市場では注目されていないことがわかります。

また、悪い決算が発表になって出来高を伴って株価が大きく下がれば、多くの人が業績悪化を懸念して売っていることが見えてきます。

相場の動きを見ているだけでも本当に多くのことがわかるのです。

本間宗久の『相場三昧伝』の中では、「三位の伝」が重要だと説いています。「三位の伝」という言葉は相場格言というわけではありませんが、「三位」とは「相場（株価）の位置、相場の環境、相場のセンチメント（相場参加者の気持ち）」の3つを指し、この3つの状況を総合的に判断して取引をするべきだという意味です。

「三位の伝」を知っていれば、「相場を見る」といったときに相場の何を見ればよいのかが、少しは具体的にわかるのではないでしょうか。

実際に投資を検討する際は、移動平均線と株価の位置関係やローソク足の組み合わせな

カゴメ（2811）

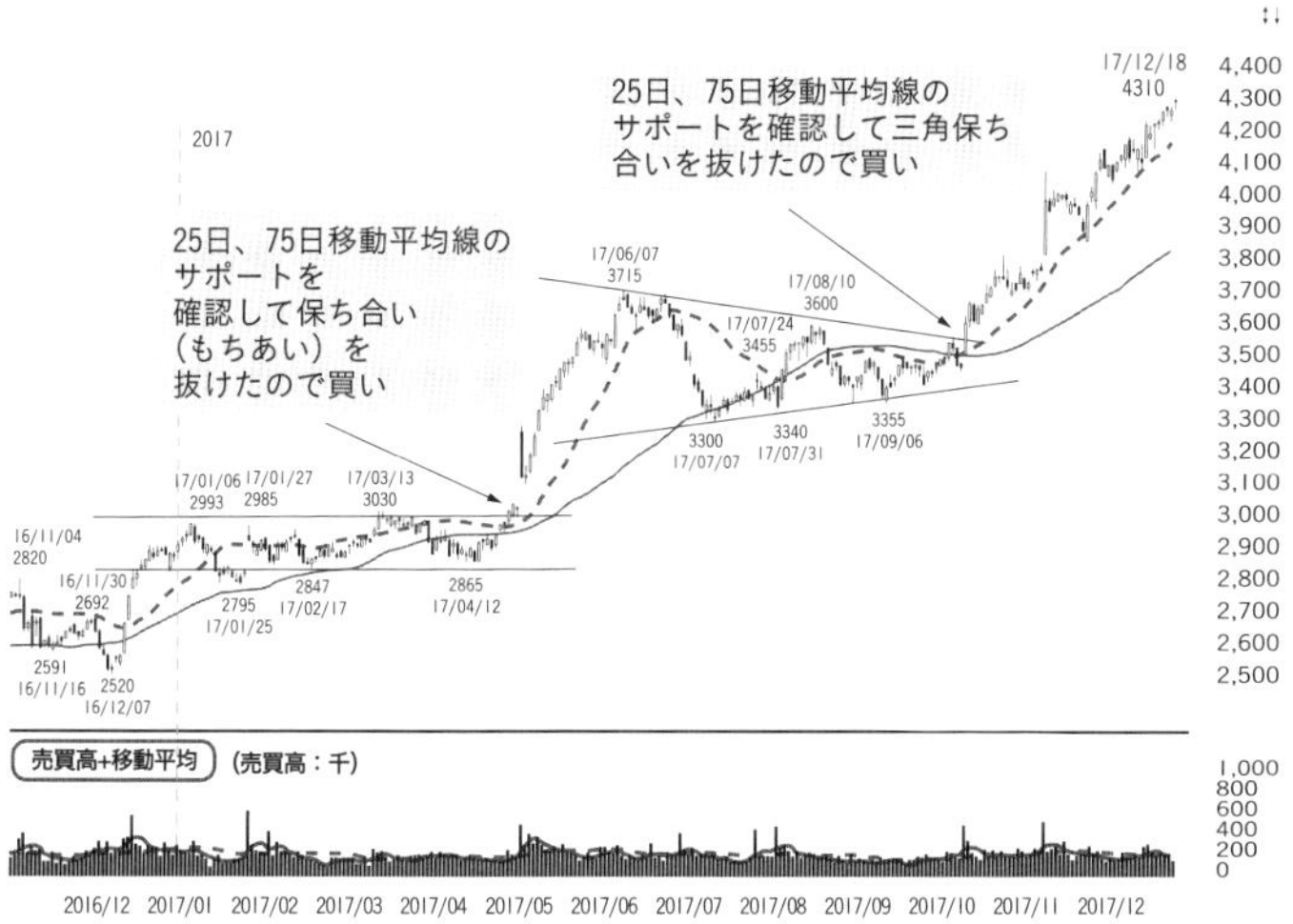

どから具体的な買いのタイミングを計っていきます。

ただし、単に「チャートの形がこうなっているから買い」と決めつけるのではなく、「今の相場で、この銘柄なら、このパターンがいちばん使えるのではないか」と相場に向き合いながら、さまざまなパターンの中で最も使えそうなものを当てはめていくのが有効です。具体的なローソク足の組み合わせのパターンなどは、「付録」を見ていただきたいと思います。いずれにしろ、株式投資をする上で最も重要なことは、相場に真剣に向き合うことだと考えます。

ここでは、具体的な例としていくつか

積水ハウス（1928）

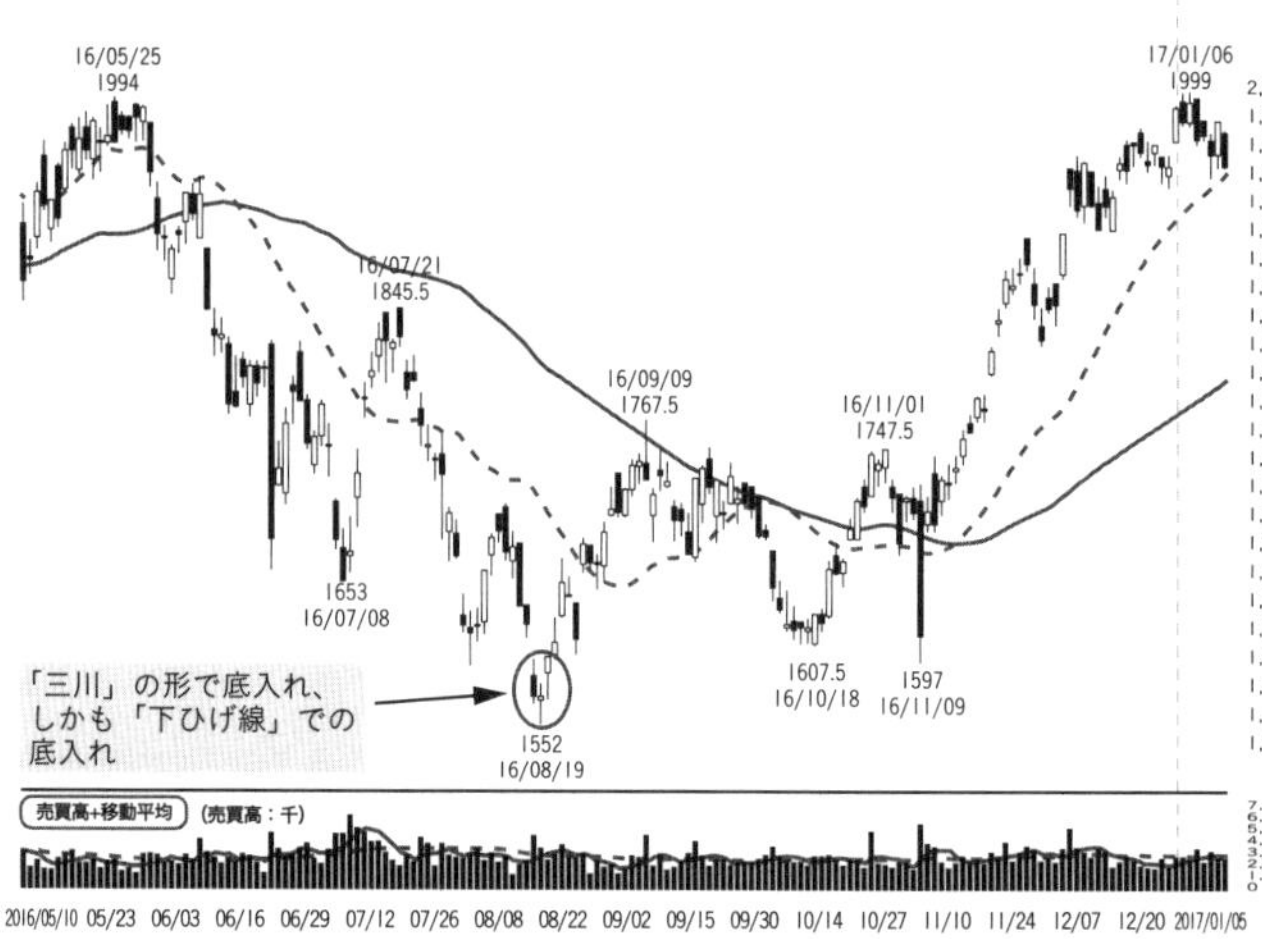

高島屋（8233）

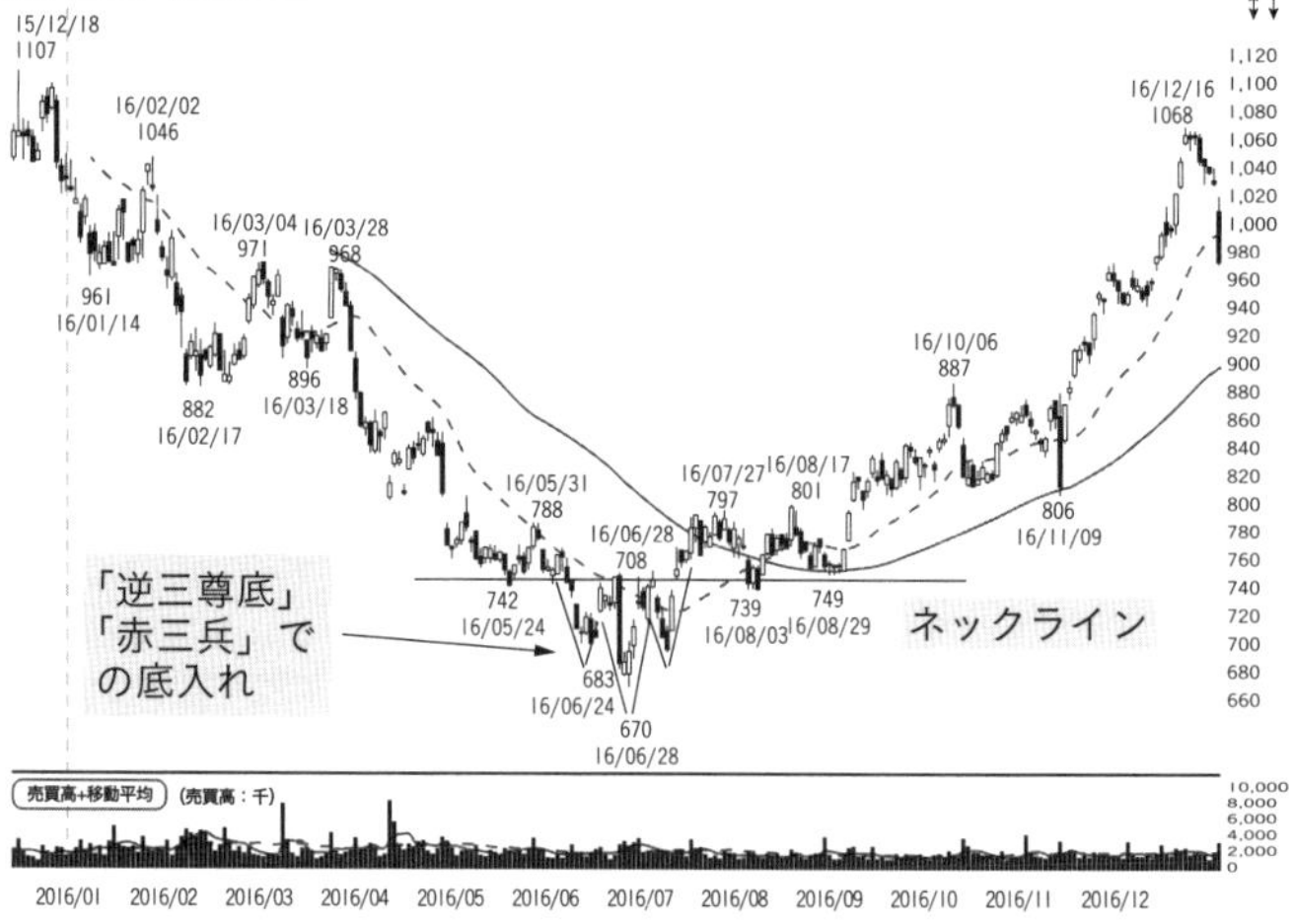

銘柄の買いの根拠のパターンを見ていきましょう。

長期投資では使えても、短期投資では使えない方法もある――
「難平戦法」

漢字ではピンと来ない人もいるかもしれませんが、米相場の時代から使われていた投資技法に「難平戦法」があります。カナで「ナンピン」と書けば「ああ」と思う方も多いでしょう。難平とは「難を平らかにする」ということで、複数回に分けて買うことで平均取得単価を下げる手法です。

第2章の「底値買い重ねのこと」や第4章の「目標を決めて片買いで対処」も複数回に分けて買うという話でしたが、大きく違うのはナンピン戦法の場合、最初の買値より2回目の買値のほうが安いという点です。

たとえば、ある銘柄の株価の節目が1000円と800円にあり、1000円から上に放れそうというところで買いを入れたとします。ところが、買った後で下落に転じてしまいました。800円の節目を割れたら損切りだと考えていたところ、800円で下げ止まりました。節目が効いていると考えて、今度は800円で買えば、平均単価は900円になります。これが、ナンピン投資の例です。

正直なところ、私は積極的にはナンピン投資はすすめません。なぜなら古くから「難平、損ぴん、素寒貧」と言って、下がっていくところをただ買い増ししてしまうと、そこからさらに株価が下がった場合、単に損失が膨らむだけだからです。実際、ナンピン投資で失敗する例は非常に多いのです。

前述の例は、1000円も800円も節目の価格で、それぞれ買い場だったという前提です。つまり、1000円と800円それぞれの買い場で買ったというイメージです。第2の買い場のほうが株価は低いですが、ナンピン買いというよりは「買い乗せ」ととらえて欲しいと思います。

さて、ここでお話ししたいのは、ナンピン買いという取引手法についてだけではありません。この買い乗せの手法が、どういう投資スタイルの人になら有効かということです。

大きな流れでは上昇していくと考えられる銘柄に限りますが、投資スタンスが長ければ、そのうちにプラスになるだろうとゆったり構えて保有し続けることが可能です。上昇し始めれば、平均取得単価を下げている分、早めにプラスに転じる可能性もあります。

一方、投資スタイルが短期投資の場合は、このような買い方はまず難しいでしょう。一週間程度で手仕舞うようなスイングトレードなら、たとえば25日移動平均線を抜けたら買って、割ったら売るというやり方になるので、買い乗せをしている時間などないと考えられるためです。

このように、投資期間や考え方によって、使える手法は変わってきます。だからこそ、まずは投資スタイルを確立しよう、ということなのです。

さて、ナンピン……ではなく買い乗せの事例として、ここではキヤノンを取り上げたいと思います。キヤノンは、配当利回りが４％前後もあり、配当目的で長期保有するのに適している銘柄です。配当狙いの買いが入るためこれ以上は下がらないと考えて、底値を確認したところで買いを入れ、戻ったところでは売らず、再度底値近辺まで下がったところで買い増しを行いました。その後、市場全体の上昇もあって平均取得単価から大きく上昇しました。２０１６年8～10月の底値近辺で買えていれば、17年3月の配当を取得して

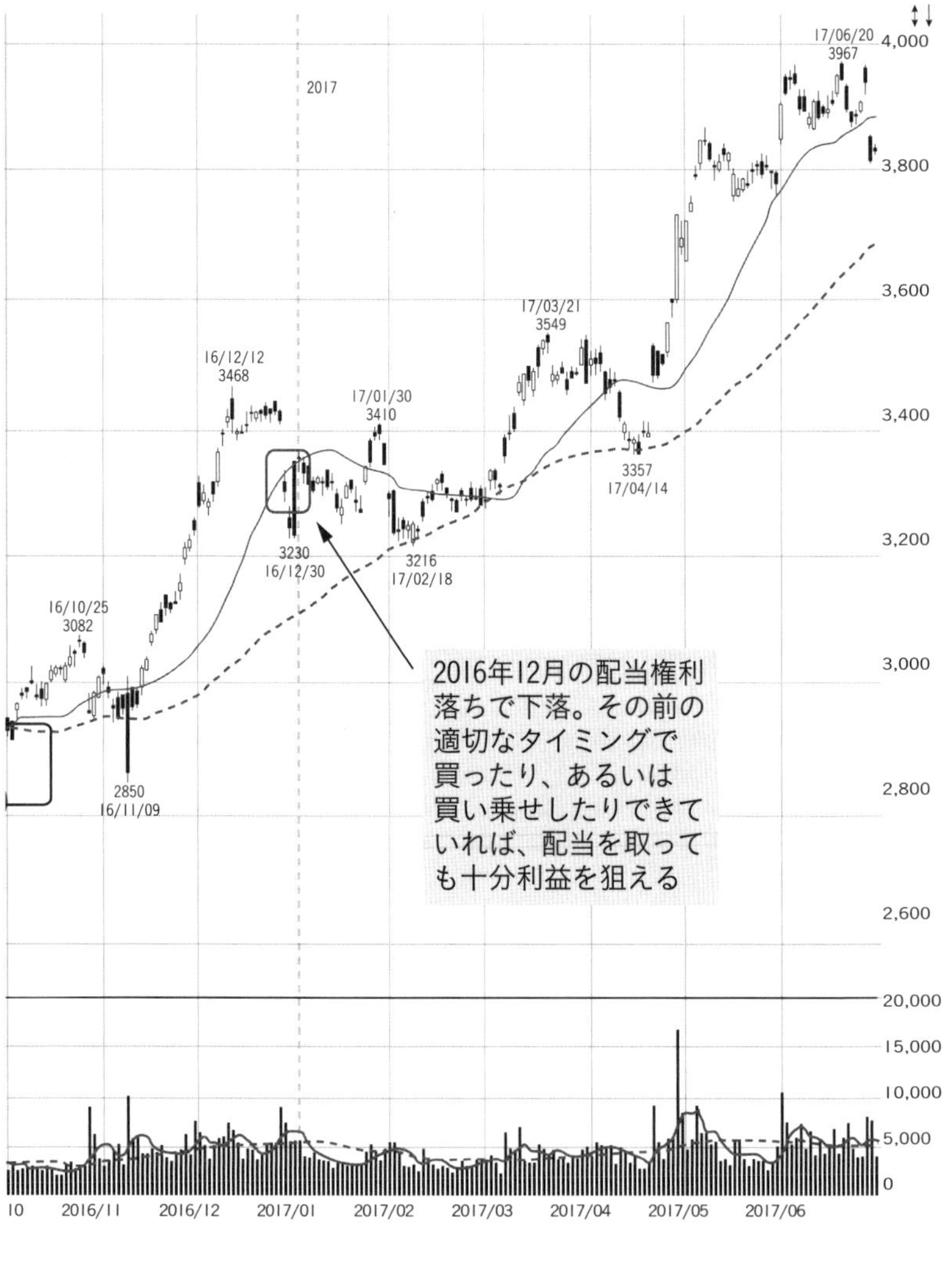

17/06/20
3967
2017
16/12/12
3468
17/01/30
3410
17/03/21
3549
3357
17/04/14
3230
16/12/30
3216
17/02/18
16/10/25
3082
2850
16/11/09
2016年12月の配当権利落ちで下落。その前の適切なタイミングで買ったり、あるいは買い乗せしたりできていれば、配当を取っても十分利益を狙える
4,000
3,800
3,600
3,400
3,200
3,000
2,800
2,600
20,000
15,000
10,000
5,000
0
10
2016/11
2016/12
2017/01
2017/02
2017/03
2017/04
2017/05
2017/06

キヤノン（7751）

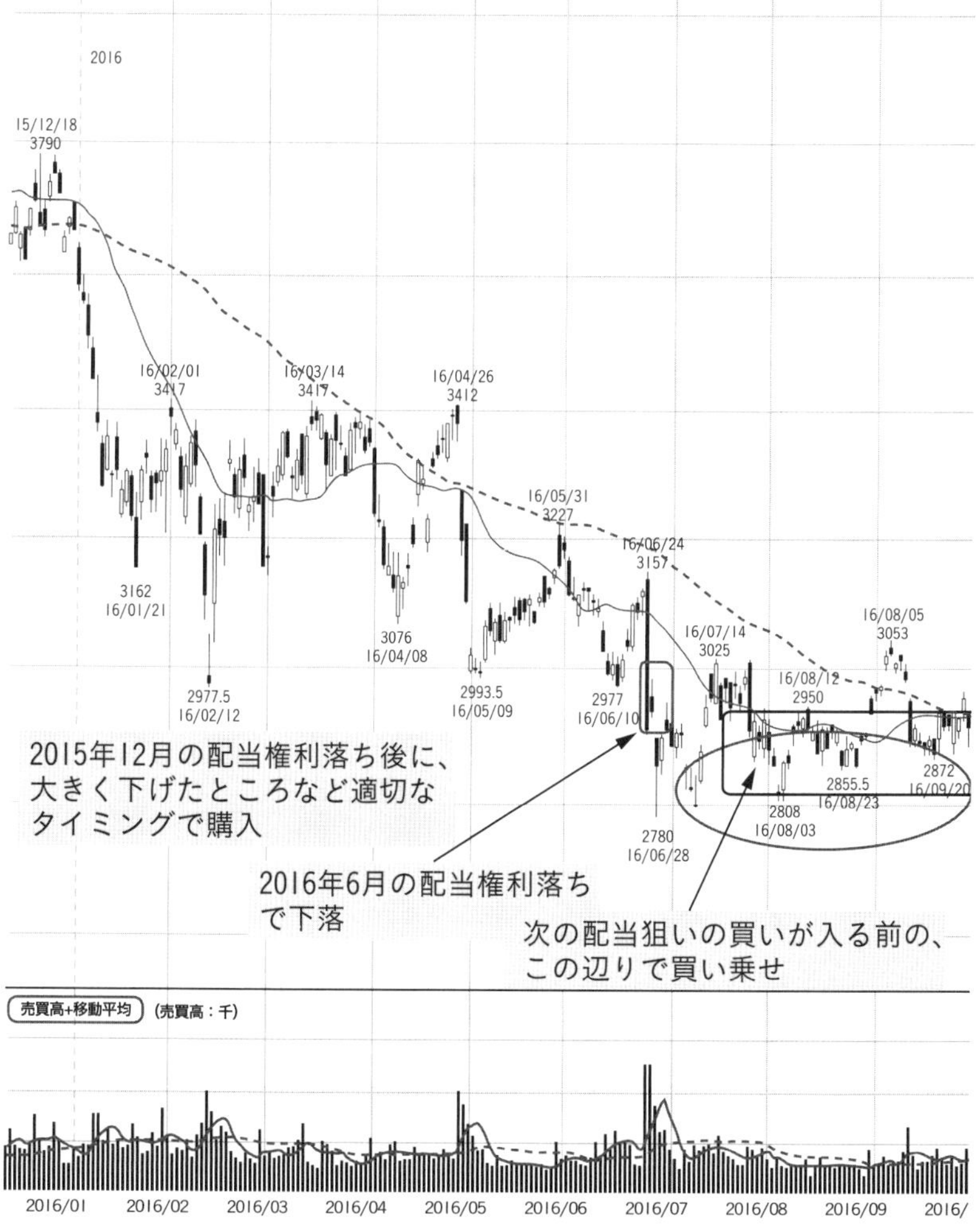
2016
15/12/18
3790
16/02/01
3417
16/03/14
3417
16/04/26
3412
3162
16/01/21
2977.5
16/02/12
3076
16/04/08
2993.5
16/05/09
16/05/31
3227
16/06/24
3157
2977
16/06/10
2780
16/06/28
16/07/14
3025
16/08/12
2950
16/08/05
3053
2808
16/08/03
2855.5
16/08/23
2872
16/09/20
2015年12月の配当権利落ち後に、
大きく下げたところなど適切な
タイミングで購入
2016年6月の配当権利落ち
で下落
次の配当狙いの買いが入る前の、
この辺りで買い乗せ
売買高+移動平均
(売買高：千)
2016/01
2016/02
2016/03
2016/04
2016/05
2016/06
2016/07
2016/08
2016/09
2016/

も、十分元が取れるほどの上昇になっています。

リスク許容度と余裕資金量を知らずには投資できない――「備えなきは商い禁止」

自分に合った投資スタイルを考えていく上で欠かせないのが、自分のリスク許容度を知ることです。１００万円、２００万円の損失を許容できる人もいれば、１万円の損失でも耐えられないという人もいます。リスク許容度は人それぞれです。

リスク許容度を考える際には、大幅に下落したら、倒産したら、相場が大きく崩れたらなど、最悪のケースを想定して、そのときどうするかをあらかじめ考えておくことも重要です。

少額でも損失に耐えられないという人は、買いタイミングを厳しく見極めて、底値で買うことを徹底する、あるいは早めに利益を確定するといったことが、より重要になってきます。配当や株主優待に注目して、値動きは緩やかでも配当や優待といったインカムゲインを取っていくという投資スタイルを選ぶのもよいかもしれません。

また、一銘柄に集中投資することは、株価が上昇しているときには最も効率がよい投資法になりますが、反対に下落しているときには損失が拡大してしまいます。リスク許容度が低いのであれば、たとえば数銘柄程度に分散して投資するといった方法があります。リスク許容度が高い場合も、一銘柄だけというのはリスクを取り過ぎている可能性があるので、何らかの対策を考えたほうがよいでしょう。

そもそも、株式投資は余裕資金で行うものだと私は考えています。仮に全額失ったとしても、生活には影響を及ぼさないお金でやるべきです。生活費を削って株式投資に充ててしまうと、「とにかく利益を出さなくては」「損をしてはいけない」と焦りが出てしまいます。本書で、そして江戸の相場格言で繰り返し述べているように、投資において焦ることはよい結果につながりません。たとえば、損切りした場合に損をした分を早く取り戻そうと、買いの根拠がないのに買ってしまって、より損失が膨らむといった事態になりがちだからです。保有株がどうなるか心配で眠れない、そんな投資はすべきではありません。

「備えなきは商い禁止」という相場格言があります。資金的に余裕がない場合には売買してはいけない、という意味ですが、「備え」には資金の準備に加えて、リスクに対する備えという意味もあると考えます。余裕資金はどのくらいあるのか、リスクに対してどのように備えているのか、そして自分自身のリスク許容度はどの程度なのか。それらがわからなければ、自分に合った投資方法を考えることはできません。

余裕資金とリスク許容度について、一度改めて考えてみることを強くお勧めします。

最後に、エアバックの欠陥によるリコールで業績が大幅に悪化し、ついには経営破たんとなってしまったタカタのチャートを載せておきます。こうした銘柄を安易に買ってしまうことは、絶対に避けなければいけません。株式取引をする際には常に「備え」を意識してください。

タカタ（7312）
※2017年7月27日上場廃止

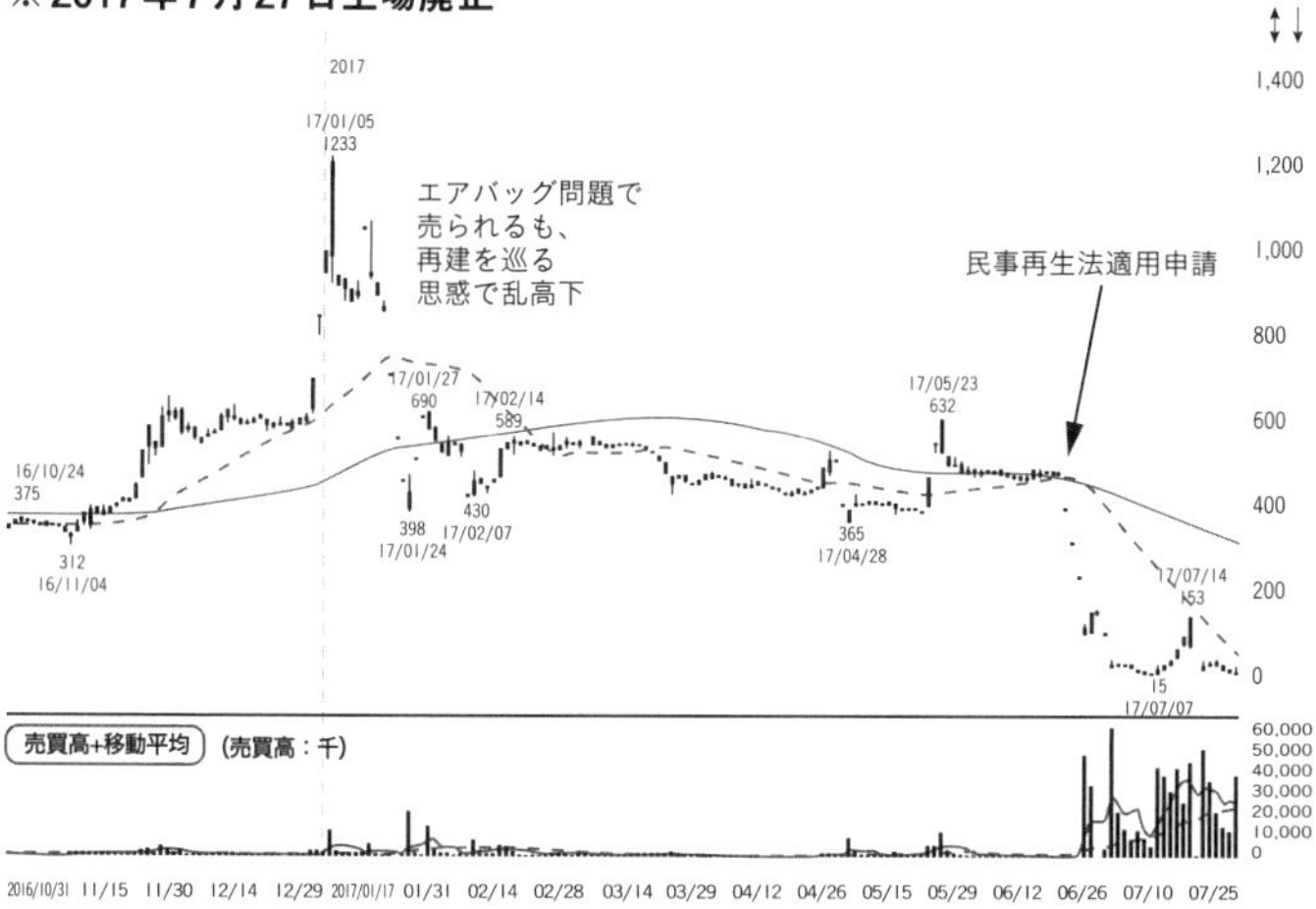

おわりに

私がこの本を書いたのは、株式投資が人気を集める一方で、自分の投資スタイルがわからず、迷走している個人投資家が多いのではないかと思ったことがきっかけです。

現在は、さまざまな投資テクニックから、個人の成功談、真偽のわからない情報まで、インターネットを中心に株式投資に関する情報があふれかえっています。

そして、多くの個人投資家が、そんな情報に振り回されているのではないかと感じています。一般の個人投資家が一日中相場に張り付いて慌ただしく取引していたり、情報を鵜呑みにして急上昇中の銘柄に飛びついたり、次々と出てくる小手先の投資テクニックをあれこれ試したり――本当にそんなやり方でいいんですか、と他人事ながら私は心配です。

それでも、順調に利益を獲得して資産を増やせているなら結果オーライかもしれませんが、やはりそうではないようです。あふれる情報に右往左往した挙句、資産を減らす運用になってしまっています。私の運営する株の学校に来られる生徒たちも、同じような状況にありそれぞれ株式投資の悩みを抱えています。

では、どうすればいいのか。私の答えは、今こそ相場に真摯に向き合う投資をするということです。具体的には、江戸時代の米相場の格言に学ぶことが役立つのではないかと考えました。私が長年研究してきた江戸の相場格言には、いつの時代の相場にも通用する、相場参加者の心理が反映されているということは、本書の中で詳しく説明してきたとおりです。

また、本書の中では相場をわかった上でこそ使いこなせる、売り買いのタイミングを計るためのチャートやローソク足のパターンも、できる限り紹介しました。

相場格言で相場の本質を知り、チャートやローソク足などのテクニカル分析を活用して取引をしていけば、どんな相場環境でも着実に資産を増やしていけると考えています。

もうひとつ、この機会に取り組んで欲しいのはこれまでのご自身の投資スタイルを見直し、自分に合った投資スタイルを確立していくことです。

本書をきっかけに、ひとりでも多くの方が、自分自身の投資スタイルを見つけて、ご自身の方法で焦らずに株式投資を行い、資産を増やしていっていただければ、これ以上の喜びはありません。

清水洋介

【付録】

チャートとローソク足の基本は必ず頭に入れておく

株式投資を行う際には、「ファンダメンタルズ分析」と「テクニカル分析」の2つの方法で銘柄を絞り込み、投資タイミングを計ります。

本編でも触れましたが、前者のファンダメンタルズ分析は、企業の財務状況や業績、事業内容などから企業価値を分析し、現在の株価が企業価値に対して割安なのか割高なのか、また今後成長が期待できるのかなどを検討していく手法です。主に、割安な銘柄に注目する「バリュー投資」と成長期待の大きい銘柄に投資する「グロース投資」があります。

一方、テクニカル分析とは、株価が過去からどのように変化してきているのかを株価チャートなどから視覚的に読み解き、これからの株価を予測して適切な売買タイミングを計る方法を指します。

多くの場合、ファンダメンタルズ分析とテクニカル分析のどちらか一方だけで、株式投資をすることはないでしょう。たとえば、ファンダメンタルズ分析で割安あるいは成長期待の大きい企業を絞り込んだ上で、テクニカル分析で具体的な買いタイミングを計るという方法を取っている人は多いのではないかと思います。また、先にチャートの形から「今が底値圏でこれから上がるのではないか」と予測し、その上でファンダメンタルズを調べて投資に値する銘柄かどうかを検討するという方法もあります。

どちらが先になるにしろ、株式投資を行うときには誰もが必ず株価チャートを見ると言ってほぼ間違いないでしょう。そこで「付録」では、テクニカル分析の基本である株価チャートとローソク足の基本的な見方を説明していきます。ページ数が限られているのでごく基礎の部分になりますが、逆に言えばここで紹介している内容についてはぜひ頭に入れておいてください。ローソク足のパターンを知っていれば、買いや売りのタイミングを計るときに大いに参考になります。

ただし、本編でも繰り返し述べたように、単にチャートやローソク足の形を覚えて機械的にパターンに当てはめて売買することはやめてください。「この形のときは、どんな相場参加者が何を考えて売り買いしているのか？」と、相場環境などと併せてその都度考えながらチャートやローソク足を見ることが大切です。そうすることで、次はどういう動きが考えられるのか、その中で自分はどんな行動を取ったらいいのかが見えてくるようになるからです。

株価チャートで値動きの流れを把握する

チャートは、株価を時系列に記したグラフです。チャートにはかぎ足チャートや米国などで使われるバーチャートなどさまざまな種類がありますが、中でも最もよく使われているのがローソク足（224ページ参照）チャートです。ローソク足で表された株価の動きを時間と共に横並びにしたもので、現在の株価の位置を確認したり、過去からの値動きの変化を知ることができます。

一般的な株価チャートは、ローソク足で記された株価のグラフのほか、移動平均線と出来高で構成されています。ローソク足、移動平均線、出来高から需給の変化を読み解き、将来の株価の動きを想定して売買のタイミングを計ることに活用します。

移動平均線は、一定期間の終値を足してその期間で割った平均値を日々ずらしながら線グラフにしたものです。移動平均線を見ることで、株価の方向性（トレンド）を探ったり株価の位置を見極めたりすることが可能です。

一方、出来高は株の売買が成立した数のことで、出来高が多ければ「売買が活発である」ということがわかります。出来高は、単体で見ることもできますが、株価と一緒に見ていくことが重要です。たとえば、株価が上昇していても出来高を伴わなければ、すぐに元の値段まで下がってしまう可能性が考えられます。また、「出来高は株価に先行する」ともいわれることから、相場の先行指標として活用できる場合もあります。

なお、出来高を伴って株価が上昇しているときが買いタイミングだと考える人がよくいますが、本来は出来高の少ないうちに買っておいて、出来高を伴って上昇しているときに売るというほうが確実です。

ところで、株価を見るときには前述の日足チャートを利用することが多いのではないかと思いますが、ローソク足チャートにはもっと期間の長いものもあります。たとえば、一週間の値動きを１本のローソク足で表した週足チャート、一カ月の値動きを１本のローソ

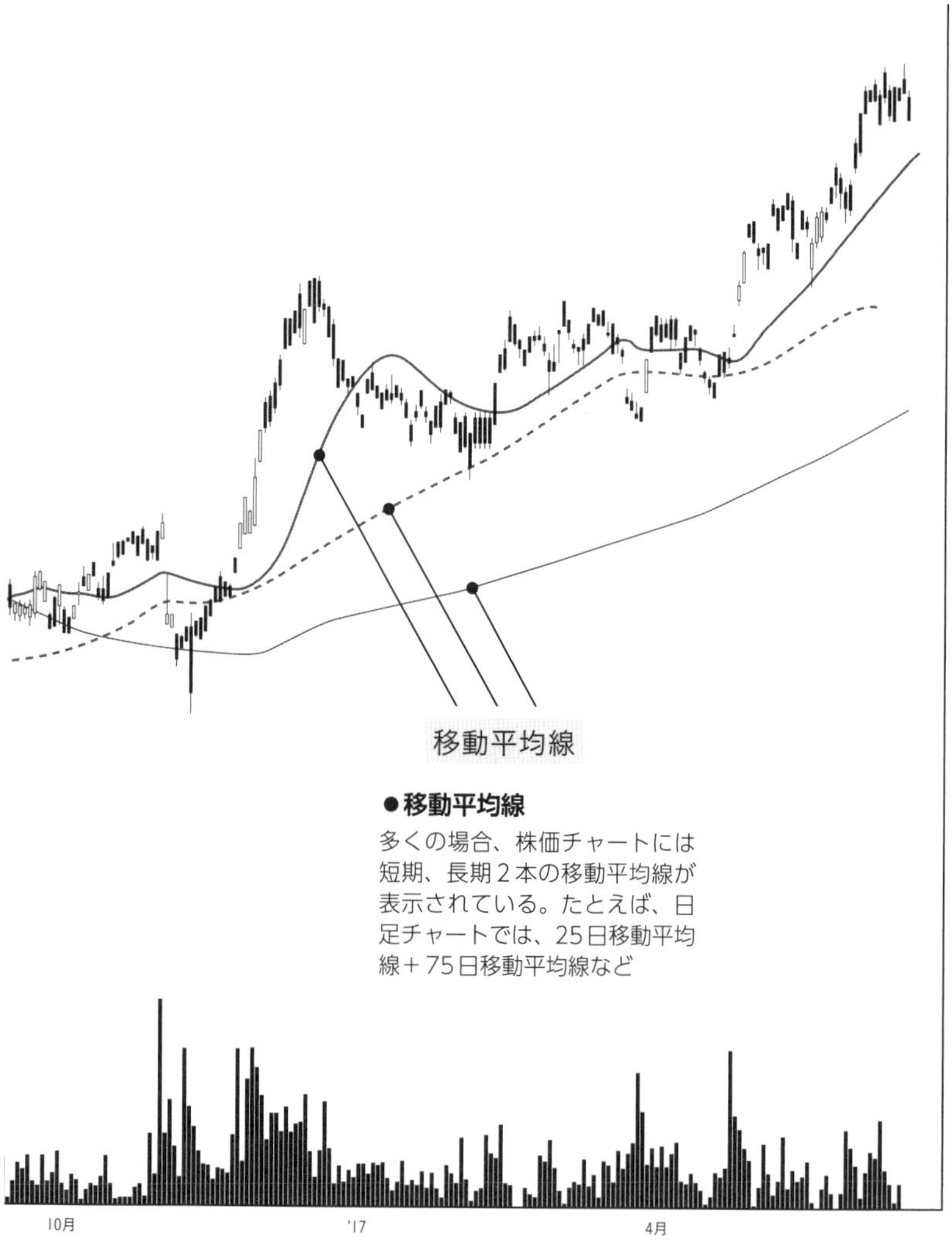
移動平均線
●移動平均線
多くの場合、株価チャートには短期、長期２本の移動平均線が表示されている。たとえば、日足チャートでは、25日移動平均線＋75日移動平均線など
10月
'17
4月

パナソニック（6752）

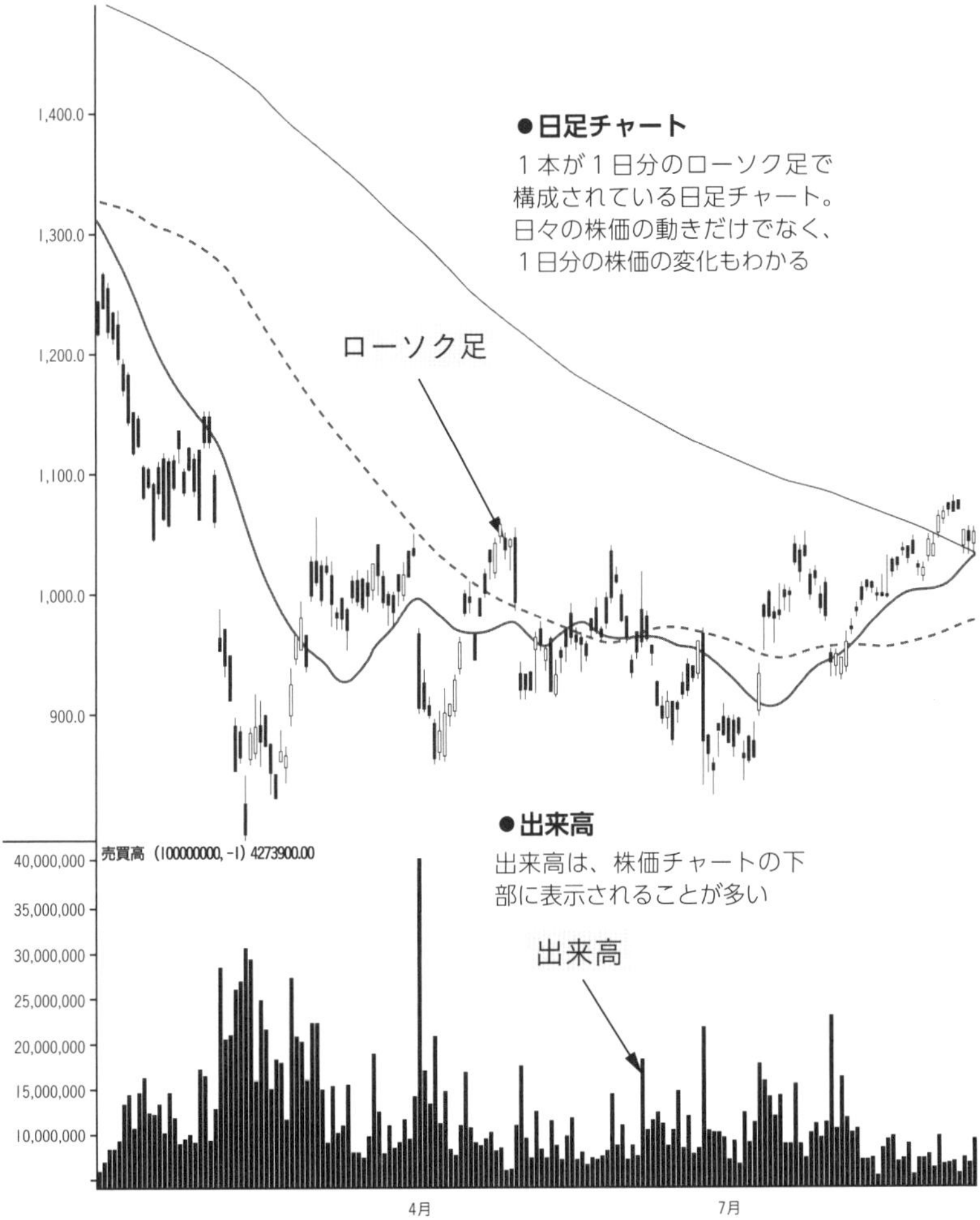
●日足チャート
1本が1日分のローソク足で
構成されている日足チャート。
日々の株価の動きだけでなく、
1日分の株価の変化もわかる
ローソク足
1,400.0
1,300.0
1,200.0
1,100.0
1,000.0
900.0
●出来高
出来高は、株価チャートの下
部に表示されることが多い
出来高
売買高（100000000, -1）4273900.00
40,000,000
35,000,000
30,000,000
25,000,000
20,000,000
15,000,000
10,000,000
4月
7月

日足チャート

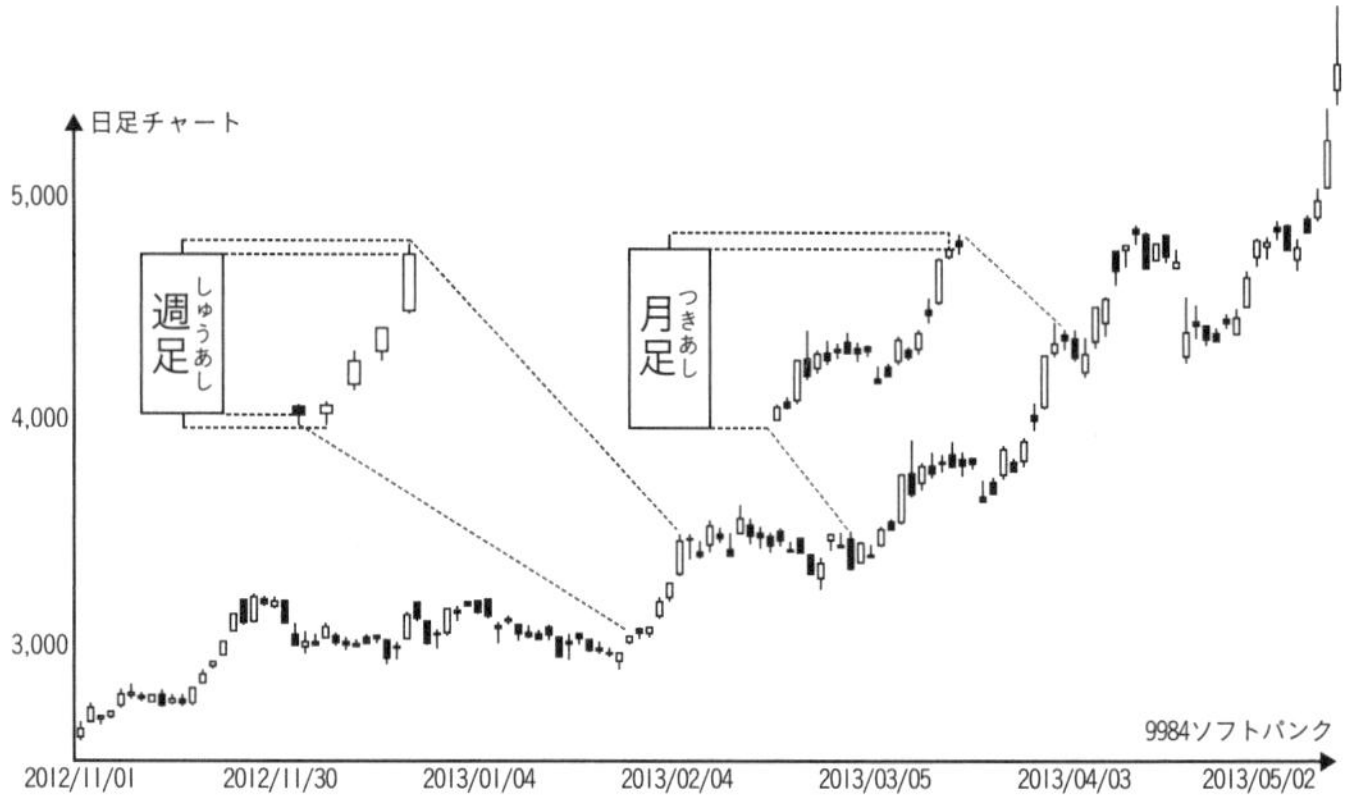

ク足で表した月足チャートなどです。逆に、1分足、15分足、1時間足など期間が短いローソク足もあり、証券会社の公式サイトのチャートなどで提供されている場合もあります。

日足チャートだけでなく、併せて週足チャートや月足チャートを見ることで、株価の大きな流れをとらえることが可能になります。長期投資の場合は、大きな方向性をつかむことが特に大切になるので、月足チャートや週足チャートも必ず確認しましょう。

週足チャート

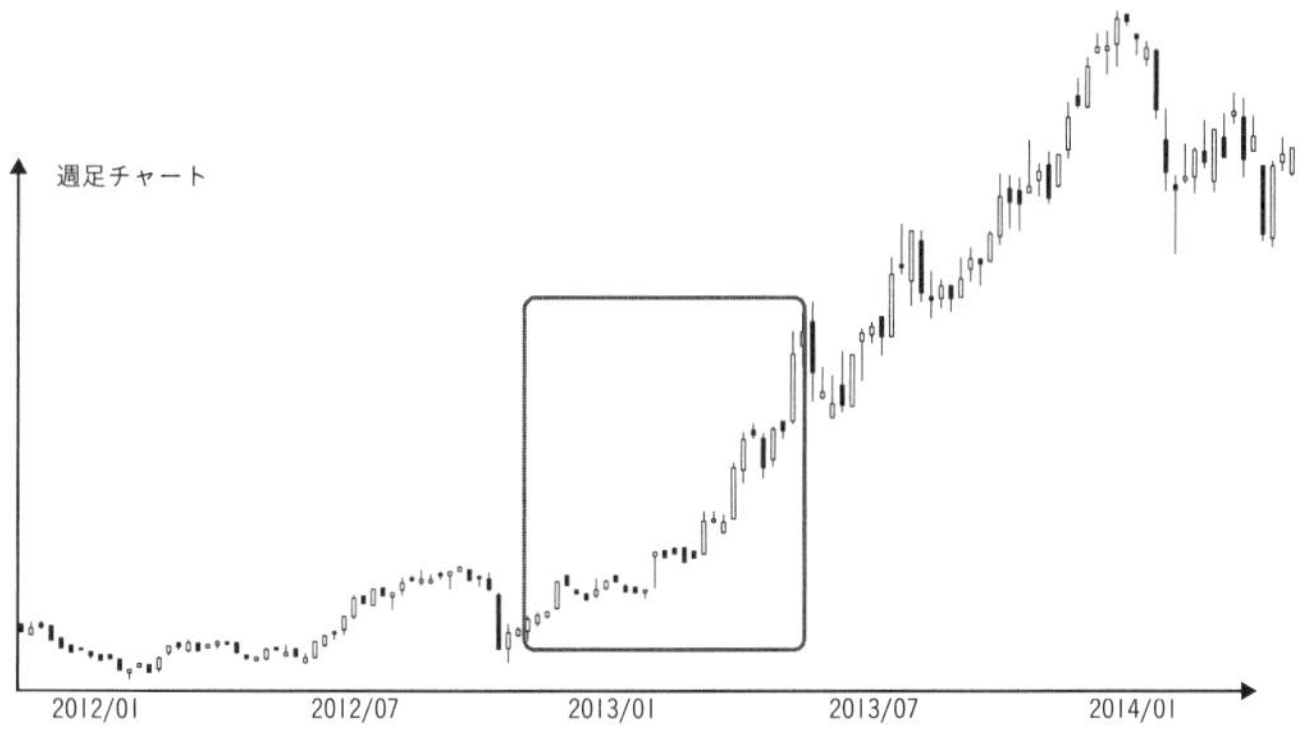

月足チャート

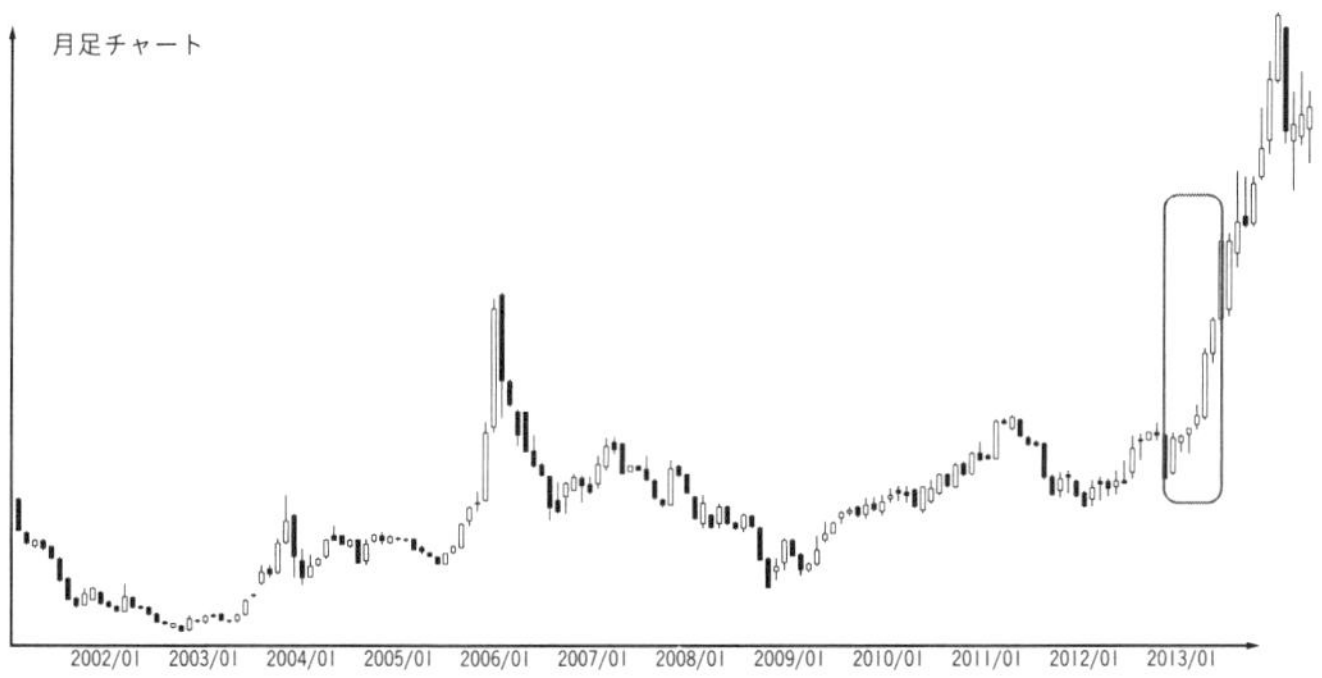

インターネット証券などのサイトでは、多くの場合、チャートの表示期間を簡単に切り替えることができる

1本のローソク足から、投資家の思惑や株価の勢いがわかる

株価チャートを構成している白と黒（別の色の組み合わせの場合もあります）の棒をローソク足と言います。株価の動きを表したもので、形が「ろうそく」に似ているのでこう呼ばれます。ローソク足の優れている点は、日足の場合なら1本でその日の始値、終値、高値、安値がわかることです。

ただし、結果として同じローソク足になっても、1日の値動きは違う場合があるということはよく理解しておきましょう。

ローソク足には「日足」のほか、一週間の値動きを1本のローソク足で表した「週足」や、一カ月分を1本で表した「月足」もあります。逆に、1分足、15分足、1時間足など期間が短いローソク足もあり、デイトレードの参考などにされる場合があります。

さて、ローソク足は値動きによって長いものや短いものなどさまざまな形で表され、そ

●ローソク足の基本

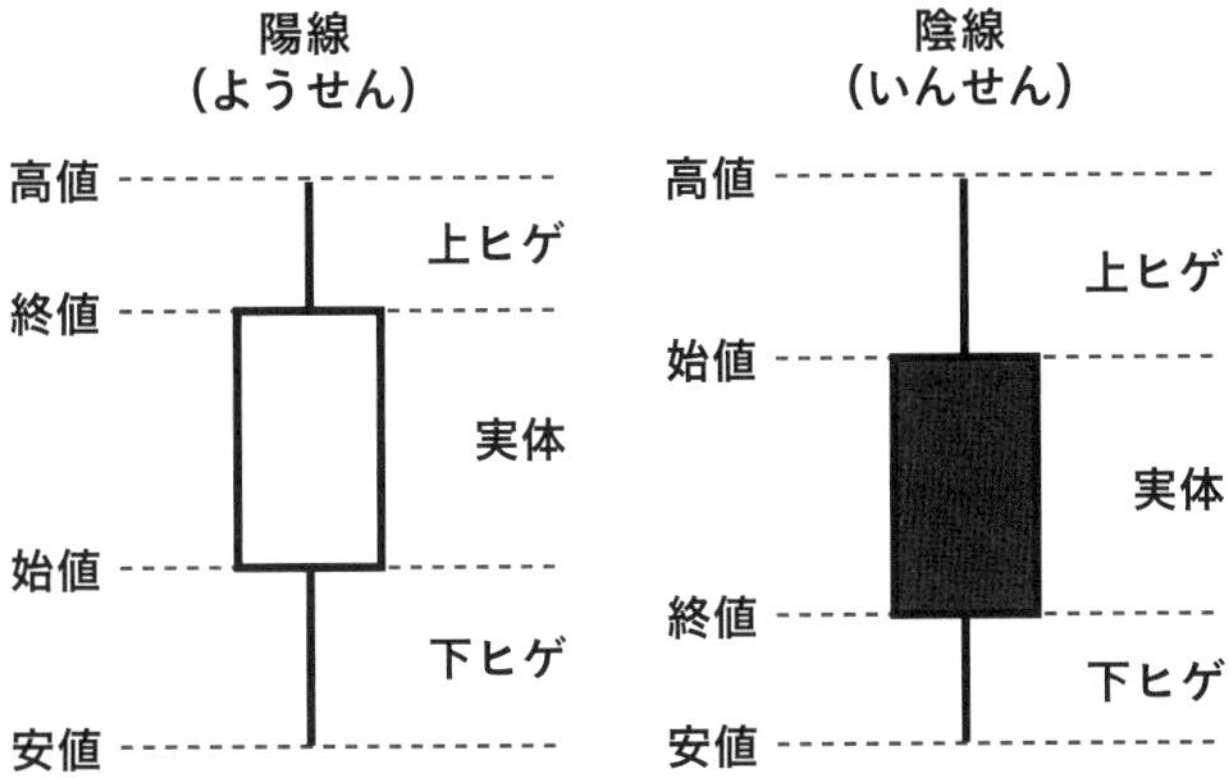

●同じローソク足でも値動きは異なる

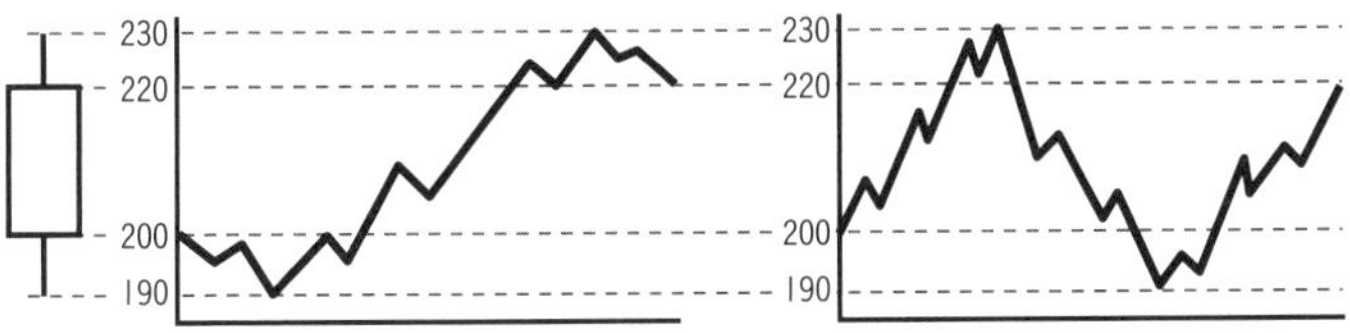

200円で寄り付いた後、一時190円まで売られたが、そこから230円まで盛り返して、最後は少し下げて220円で引けた

200円で寄り付くと230円まで勢いよく上昇したが、その後は下落に転じ寄り付きを下回った後、しっかり買われて220円まで上がって終わった

れぞれから相場の状況が読み取れます。たとえば、長い陽線（大陽線）はその日の終値が大きく上がったことを示しています。そして、翌営業日もこの流れに乗ってさらに上昇するのではないかと期待できます。一方、寄り付いた後に一旦売られて、その後上がったものの結局は寄付（始値）と終値が同じだというローソク足（寄り引け同時線の十字線）を見れば、相場の方向を決めかねているのではないかと考えられます。

ローソク足は、大まかに「陽線」「陰線」「寄り引け同時線」の3種類に分けられ、さらに次のページのとおり、それぞれ4種類、全部で12種類に集約されます。

一般的に、「陽線」は「次の日も相場は上がるのではないか」と思われることが多く、「強い線」とされます。「陰線」の場合は、逆に株価は下落すると見られ、「弱い線」とされます。始値と終値が同じ値段の「寄り引け同時線」や、実体部分が極端に狭い「寄り引けほぼ同時線」になった場合は、相場の転換点つまり上昇していた株価が下落に転じたり、下落から上昇に転じたりという相場の変わり目になることが多いとされます。

なお、ここでは1本のローソク足について説明していますが、1本のローソク足だけで相場の状況をすべて読み解くことはできません。次の項目では、複数のローソク足の組み合わせパターンから、値動きの状況や今後の動向を読み取っていきましょう。

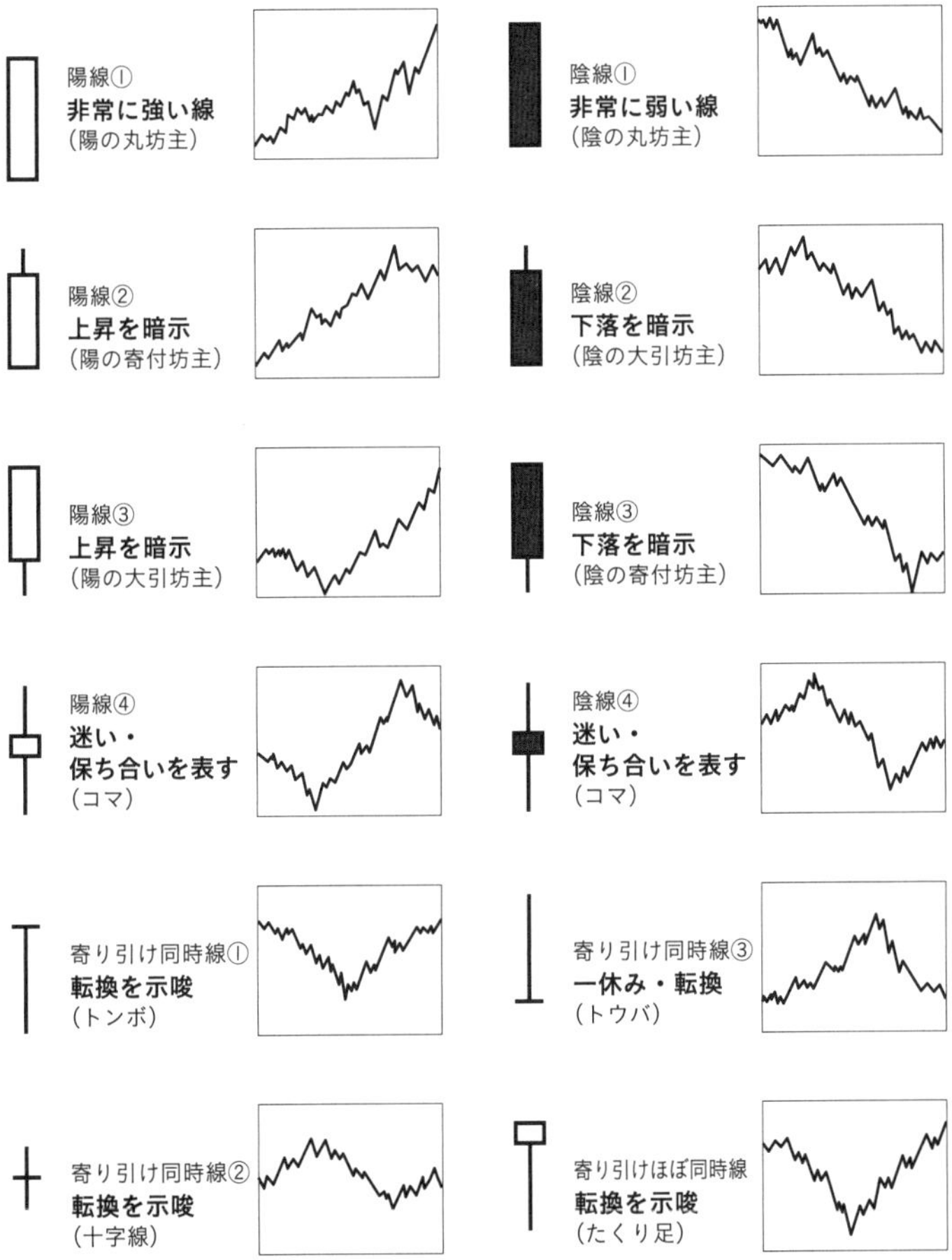
陽線①
非常に強い線
(陽の丸坊主)
陰線①
非常に弱い線
(陰の丸坊主)
陽線②
上昇を暗示
(陽の寄付坊主)
陰線②
下落を暗示
(陰の大引坊主)
陽線③
上昇を暗示
(陽の大引坊主)
陰線③
下落を暗示
(陰の寄付坊主)
陽線④
迷い・
保ち合いを表す
(コマ)
陰線④
迷い・
保ち合いを表す
(コマ)
寄り引け同時線①
転換を示唆
(トンボ)
寄り引け同時線③
一休み・転換
(トウバ)
寄り引け同時線②
転換を示唆
(十字線)
寄り引けほぼ同時線
転換を示唆
(たくり足)

ローソク足の組み合わせで、買いタイミング・売りタイミングを計る

複数のローソク足の組み合わせから、経験則的に相場の強さや値動きの方向性を読み取ることが可能です。相場の方向性や「ここが天井」「ここが底」といった株価の位置がわかれば、そこから売買のタイミングを計ることができます。たとえば、天井圏でよく出る典型的なローソク足の組み合わせを知っていれば、それを見て「そろそろ売ったほうがいい」というように売りの根拠のひとつになります。

ここでは、売られ続けて安くなった株価が上昇に転じる可能性のある「底値圏」、逆に買われ続けて高くなった株価が下落に転じる可能性がある「天井圏」、それぞれで出現する典型的なローソク足の組み合わせをいくつか紹介していきます。

●底値圏で出現するローソク足の組み合わせ例（買いタイミングを計る）

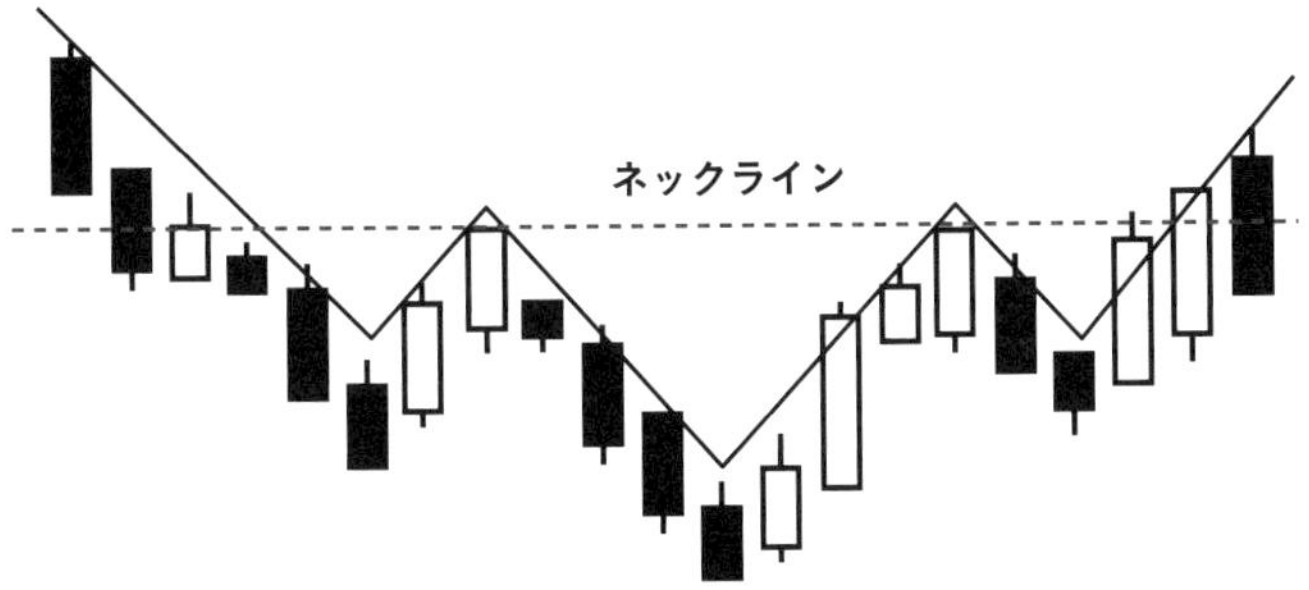

大底を表す逆三山（逆三尊）底

３つの山が下向きにできた状態を指し、大底を表す。２回の戻り高値を結んだネックラインを上に抜けたところが買いのタイミング。買いシグナルが出た後は、ネックラインが押し目の目途

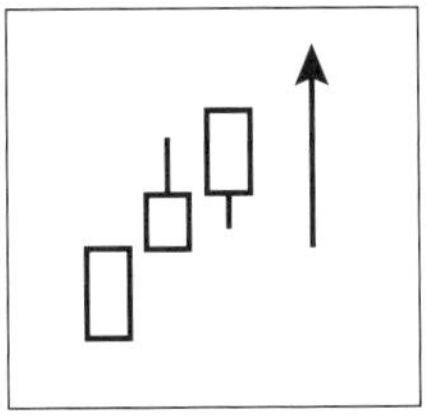

下落局面で３つの陽線が並ぶ赤三兵

じりじりと下がった相場で出やすい、比較的小さな陽線が３つ並ぶ状態を赤三兵と呼ぶ。最初の陽線を割り込まなければ、底入れ確認となる

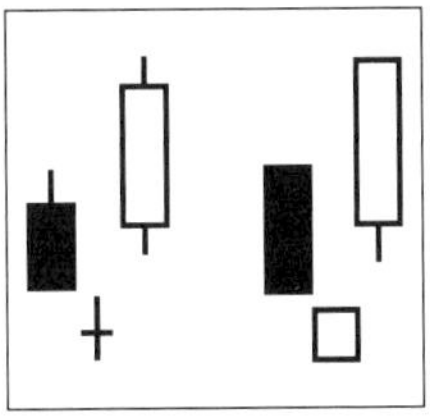

下落局面で現れる明けの明星（十字星）

長めの陰線の後に窓を空けて十字線や実体の短い陽線が出現し、３日目に上放れた陽線が出た場合は、２日目が底値となる可能性が高い

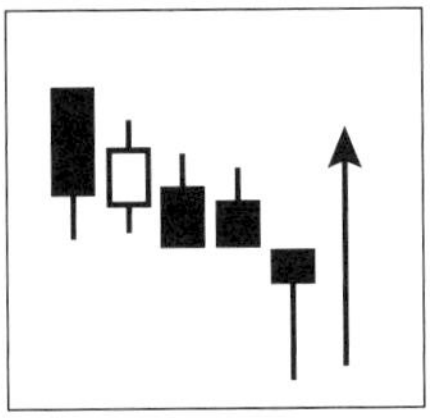

下落したところでのたくり足

相場が十分に下落したところで出現。出来高が伴っていた場合には絶好の買い場とされる。翌営業日が陽線であれば、ここが底値である可能性は非常に高い

●天井圏で出現するローソク足の組み合わせ例（売りタイミングを計る）

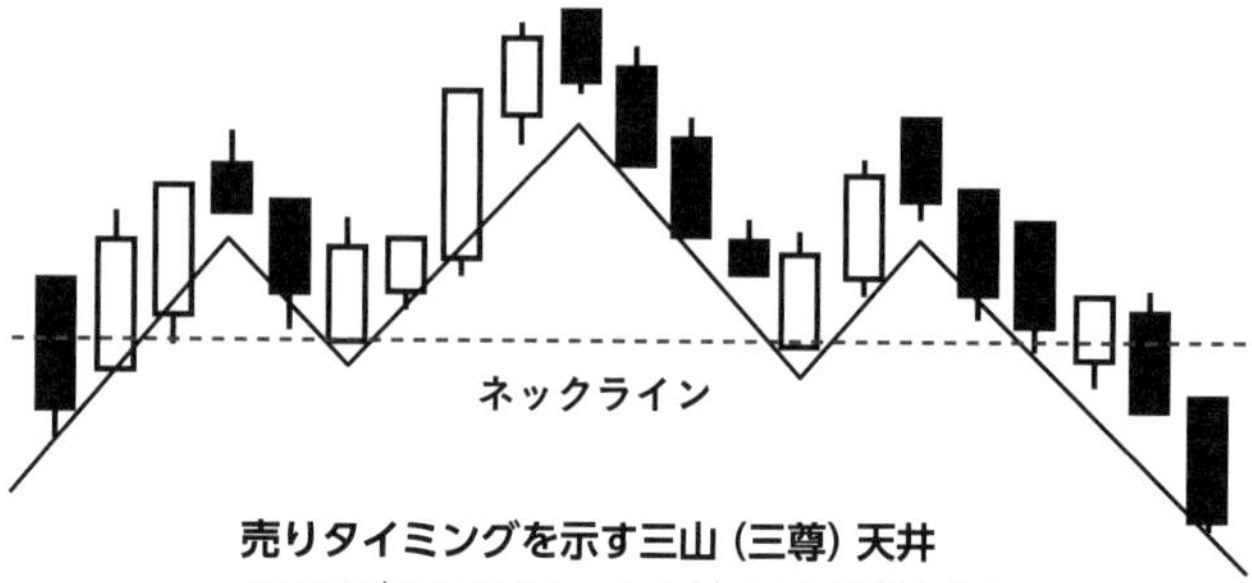

売りタイミングを示す三山（三尊）天井

２回目が最も高い３つの山ができた状態を指し、大天井を表す。３つ目の山が、押し目と押し目を結んだネックラインを割り込むことで三山の完成となり、売りのタイミングとなる

注意したいのは、典型的なローソク足のパターンが出現したからと言って、必ず底値圏＝買いタイミングとも、天井圏＝売りタイミングとも言い切れないということです。

機械的に売買するのではなく、出来高や相場全体の方向性も見ながら、市場参加者の心理を考えつつ取引を行うことが重要です。

●底値圏でも天井圏でも出現する組み合わせ

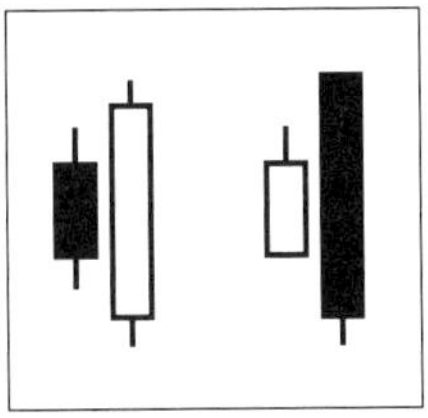

安値圏なら買い、高値圏なら売りの包み足

前日の陰線や陽線とは逆のローソク足で、前日の値幅をすべて包む大陽線、大陰線のこと。安値圏で出現した場合は買いのタイミングとなる。逆に、高値圏で出現した場合は、陽線なら「買い方の出尽くし」、陰線なら「大きな売り手の出現」を表す

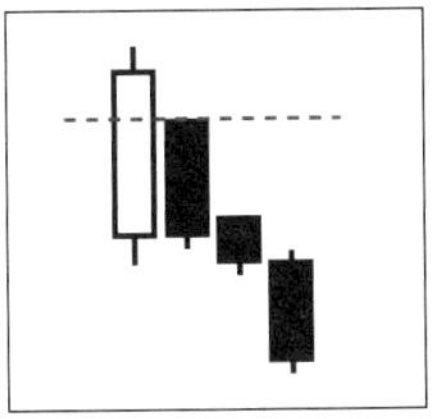

下落相場の始まりを表す三羽烏

上昇している相場で、ある程度高い位置で陰線3本が連続しているローソク足の組み合わせを指し、典型的な長期の下落相場の始まりとされる

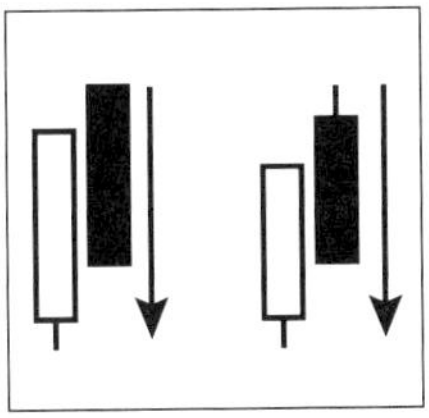

高値圏で出れば下落に転換するかぶせ線

高値圏で、前日の中心値以下で大陰線を作った場合には下落転換を示すことが多い。ただし、翌日に高値を上回れば「かぶせの上抜き」となり上昇加速になる可能性が高い

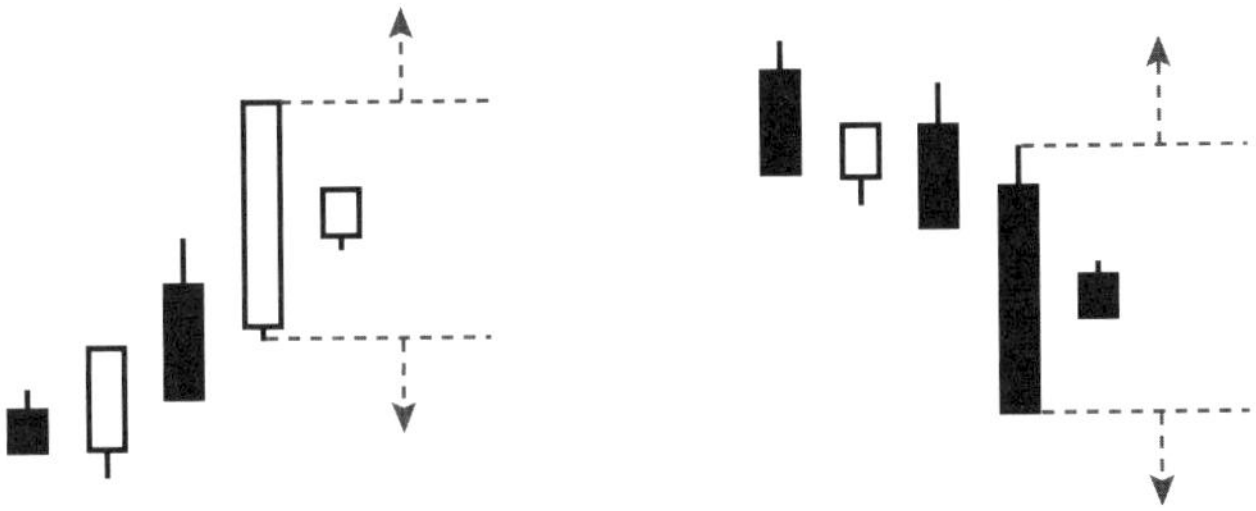

組み合わせと出現場所で意味が変わるはらみ足

大陰線や大陽線の後に、すっぽり隠れる大きさの小さな陰線や陽線が出現することをはらみ足と呼ぶ。大陰線や大陽線から放たれた方向にトレンドが向かうとされ、特に高値圏で大きな陽線に小さな陽線をはらんだ形になった場合は天井をつけることが多い。逆に、安値圏で大陰線→小さな陰線の場合は「底」を表すことが多い

トレンドラインを引いて、株価の方向性を見極める

ここまで見てきたローソク足は、株価の細かい動きを見るのに適している一方で、大きな流れをつかむのは不得意です。そこで活用したいのが「トレンドライン」です。

トレンドライン（＝傾向線）とは、株価の大きな流れをつかむために引く線のことです。株価チャートそのものを見ても、株価が上昇傾向なのか下落傾向なのかはある程度わかりますが、トレンドラインを引くことで方向性がより明確に見えてきます。また、トレンドラインは買いや売りの根拠のひとつにもなります。

ここでは基本となる2つのトレンドライン、上値抵抗線と下値支持線を簡単に説明しておきましょう。

高値同士を結んだ上値抵抗線（レジスタンスライン）は、そのラインまで買われると売り圧力が強まり上に抜けにくくなるという目安や節目を表します。

●上値抵抗線（レジスタンスライン）

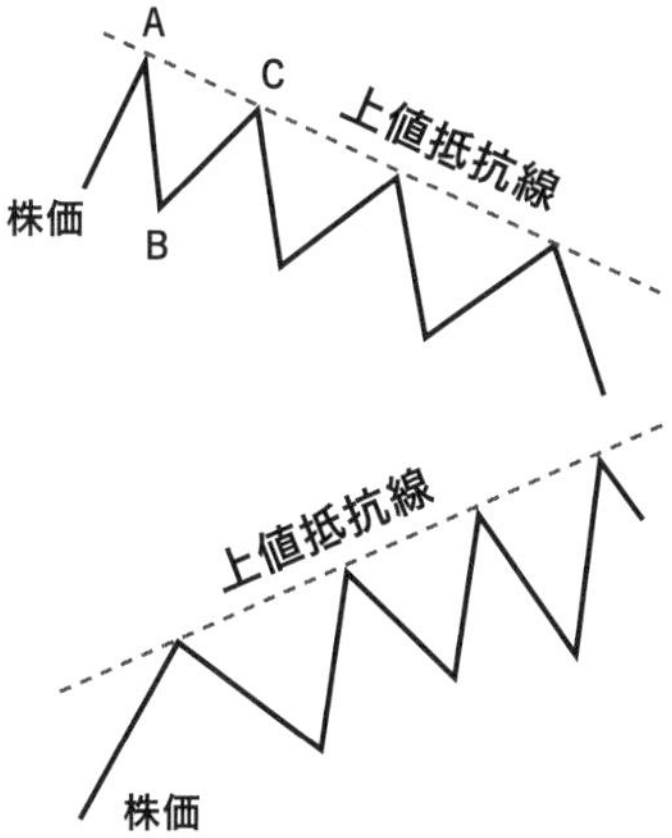

●下値支持線（サポートライン）

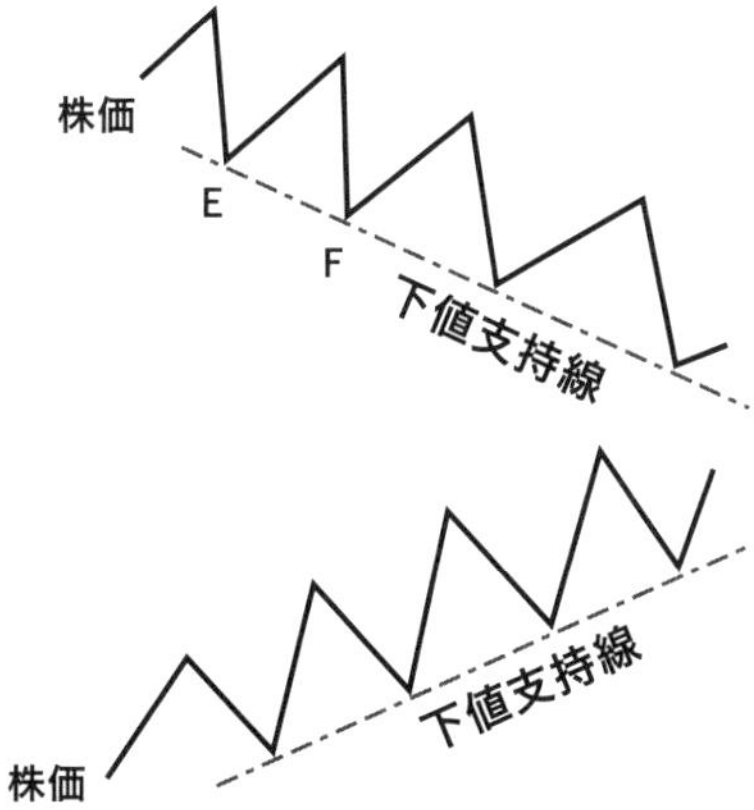

「上に抜けにくい上値抵抗線」「下に抜けにくい下値支持線」を抜けてしまった場合には、「上値抵抗線」は「下値支持線」に、また「下値支持線」は「上値抵抗線」に変わる。ただし、トレンド自体は変わる場合と変わらない場合がある

逆に、安値同士を結んだ下値支持線（サポートライン）は、そのラインまで売り込まれると下がりにくくなるという目安や節目を表します。

トレンドラインは計算不要で、ボールペン一本で引くことができます。まずは気軽に引いてみることをおすすめします。

移動平均線と株価との関係から売買のタイミングを計る

本編でも何度か実際の銘柄を例に挙げて説明しましたが、移動平均線と株価の関係から売買のタイミングを検討することができます。たとえば、株価が短期の移動平均線を抜けたところで買い、ある程度（具体的な目安はそのときどきで変わります）移動平均線から離れたところで売るといった方法です。

このように使われる理由は、移動平均線自体が上値抵抗線や下値支持線の役割を担うことがあるからです。具体的には、「上値は移動平均線で止まるかもしれない」「移動平均線まで下落しそうだ」といった判断材料になるということです。また前述のとおり、株価と移動平均線が大きく離れたような場合は、移動平均線まで戻る場合もあります。

移動平均線と株価の関係から投資タイミングを計る代表的な方法には、「グランビルの法則」があります。もともとは２００日移動平均線を使用するものでしたが、現在では20日以上の移動平均線を使います。「買い」と「売り」、それぞれ４つずつのパターンがあります。

買いのパターン

（1）

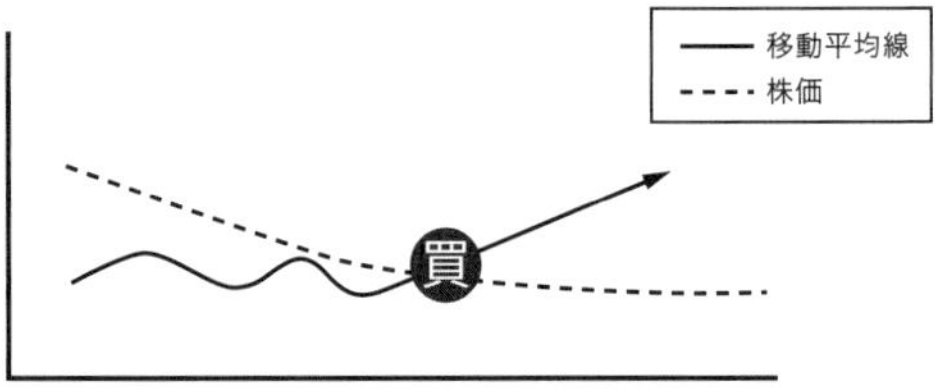

移動平均が上昇または横ばいのとき、移動平均の下にあった
株価が移動平均の上に突き抜けてきた場合

（2）

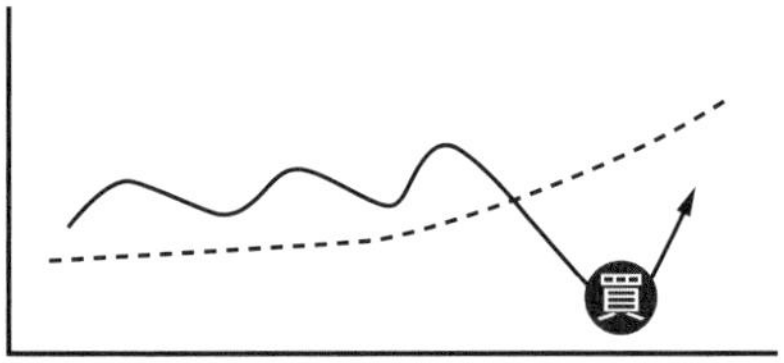

移動平均線がまだ上昇を続けていて、株価がこの移動平均線を
下回った場合

売りのパターン

（1）

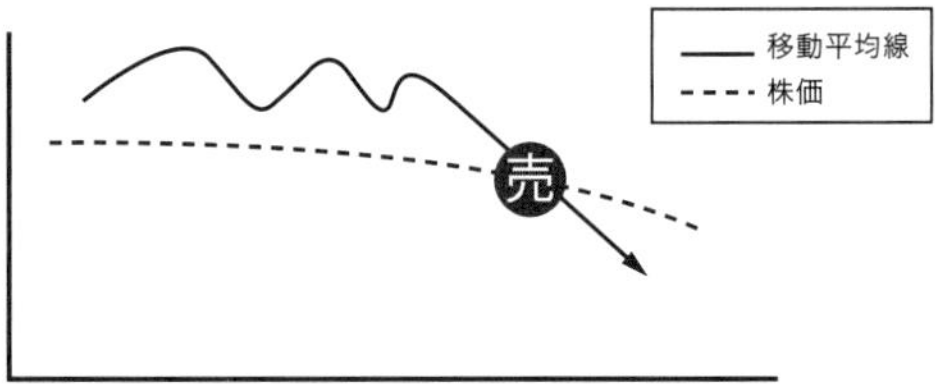

移動平均が下落または横ばいのとき、移動平均の上にあった
株価が移動平均を下回ってきた場合

（2）

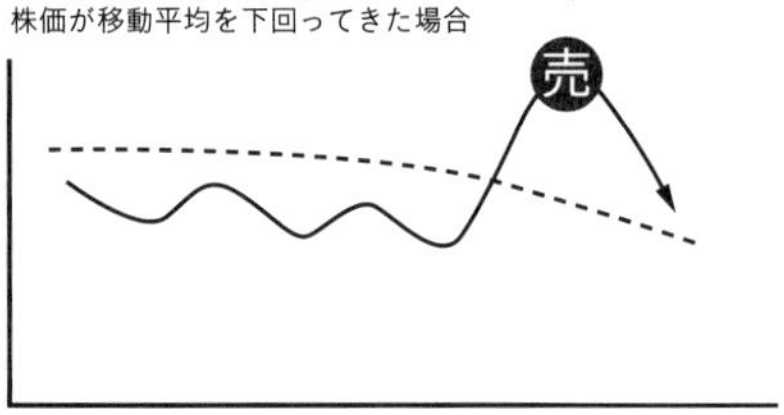

移動平均線がまだ下落を続けていて、株価がこの移動平均線を
上回った場合

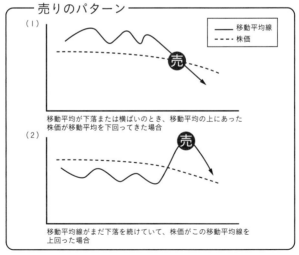

前回の安値・高値から「節目」を見つけてタイミングを計る方法もある

短期で投資をする場合は、日足チャートを見てローソク足や移動平均線からテクニカル分析をすることが必須になります。しかし、中長期の場合はそこまで細かくローソク足を見ていなくても比較的簡単に売買タイミングを計ることができます。

本編でも簡単に紹介しましたが、株価の「節目」に注目すればよいのです。節目を見つけることは、チャートを見る上では基本中の基本とも言えます。

さまざまな「節目」がありますが、まず押さえておきたいのが前回の「高値」と「安値」です。「前回っていつまで遡ればいいの?」と思うかもしれませんが、期間としては3カ月あるいは6カ月程度と見ておけばよいと思います。また、上にも下にも動かずもみ合った水準もよく「節目」となります。

そもそもなぜ節目に注目するのがよいかというと、節目つまり前回の高値まで上がると上昇が止まり、反対に前回安値まで下げると下落が止まるということは多々あるからです。そうで、たとえばもみ合ったところを抜けたところで買い、前回高値に近づいたところで売るといった投資法が有効になってきます。

あくまで長期で投資する場合に限りますが、このように、前回の高値や安値、揉み合った水準を「節目」として、「節目」から「節目」への動きが株価の大きな流れになっていることを意識して投資すれば、大きく失敗することは少ないのではないかと考えます。

もちろん、この場合も「節目」が絶対に効く、というわけではありません。前回高値まで上がったら売ろうと考えると同時に、「前回高値まで上がらない場合」にどのように行動するのかも必ず考えておきましょう。

そのときどきで、「儲かりやすい投資法」「有効な投資法」というのは変わってきます。たとえば、相場が右肩上がりのときには新高値を取る銘柄に投資する方法が有効かもしれませんが、相場が変わって全体的に右肩下がりであれば同じ手法は通用しないでしょう。

しかし、チャートやローソク足の基本は、どんな相場であっても変わることはありません。自分に合ったスタイルで投資を続けていくためにも、テクニカル分析の基本はぜひ押さえておいて欲しいと思います。

清水 洋介

しみず ようすけ

慶應義塾大学卒業後、1983 年に大和証券入社。
ソシエテジェネラル証券、マネックス証券等を経て、
2014 年 5 月より株式会社アルゴナビスの代表取締役に就任、
株式スクールを開校する。日系証券と外資証券、ネット証券で広く営業や
ディーラーを経験したことによる高い専門知識と、「江戸の米相場」の
独自研究に基づいた相場観測や投資戦略で多くの投資家の成功をサポートしてきた。
CS テレビ「日テレニュース 24」「日テレニュース 24TOKYO」、
MX TV・三重テレビ放送ネット「TV ストックボイス生中継」出演。
オンラインコラム「ダイヤモンドザイオンライン 『株』のとれたてニュース」、
「辛口放談」連載中。
『江戸の賢人に学ぶ相場の極意』（パンローリング）
『DVD でわかる！儲かる株価チャート集中セミナー』（ナツメ出版）
ほか多数の著書あり。

「江戸のウォーレン・バフェット」に学ぶ
常勝無敗の株投資術

2018年2月2日　第1刷発行

著者　清水洋介

発行人　久保田貴幸

発行元　株式会社 幻冬舎メディアコンサルティング
〒151-0051　東京都渋谷区千駄ヶ谷4-9-7
電話03-5411-6440（編集）

発売元　株式会社 幻冬舎
〒151-0051　東京都渋谷区千駄ヶ谷4-9-7
電話03-5411-6222（営業）

印刷・製本　瞬報社写真印刷株式会社

検印廃止

ISBN 978-4-344-91414-8 C0033

幻冬舎メディアコンサルティングHP
http://www.gentosha-mc.com/